## 麗여니 水수니
## 재미있는 황금거북 이야기

여수에 가서 돈 자랑하지 말라.
12월령 거북 이야기

麗여니 水수니
## 재미있는 황금거북 이야기

초판 1쇄 인쇄 | 2025년 11월 15일
지은이 | 윤문칠
펴낸이 | 이재욱(필명:이승훈)
펴낸곳 | 해드림출판사
주　소 | 서울 영등포구 경인로82길 3-4(문래동1가 39)
　　　　센터플러스빌딩 1004호(07371)
전 화 | 02-2612-5552
팩 스 | 02-2688-5568
E-mail | jlee5059@hanmail.net

등록번호　제2013-000076
등록일자　2008년 9월 29일

ISBN　　979-11-5634-659-3

麗여니 水수니
# 재미있는 황금거북 이야기

여수에 가서 돈 자랑하지 말라
12월령 거북 이야기

윤문칠 지음

해드림출판사

## 작가의 말

    이 책은 거북선의 도시, 여수의 열두 달을 따라 흘러가는 열두 황금거북 이야기를 엮은 작은 에세이다. 역사와 설화, 그리고 지명에 얽힌 이야기를 따라가다 보면, 여수가 어떤 얼굴로 오늘에 이르렀는지 차츰 드러날 것이다.

    거북은 오랜 세월 여수 사람들의 삶 곁을 지켜왔다. 그 흔적은 바다와 섬, 파도와 바람 속의 이야기에 고스란히 남아 있다.

책장을 펼치는 순간, 독자는 거북의 발자취를 따라 다도해의 풍광을 품은 섬섬 백리 길로 들어서게 된다.

그 길은 기억의 숲처럼 고요히, 그러나 깊게 우리를 인도할 것이다.

2025년 10월

## 차례

작가의 말　　04

### Prologue

들어가며　　10
-아름다운 미항 살아 있는 도시, 麗水

지리산 경호강 거북 수석　　14

麗水 거북선 축제　　20

여수에 가서 돈 자랑하지 말라　　26

### 麗니水니
### 재미있는 여수 열두 황금거북 이야기

1월 정월
돌산 향일암 황금거북 이야기　　34

2월 모세의 기적
사도(沙島)의 거북바위 이야기　　41

3월
돌산 금오산(金鰲山) 거북 이야기　　56

4월
거북이 머무는 백도　　62

5월 거북이 머문 자리
신풍 구암바위 이야기　　70

6월
조발도에 내려앉은 거북의 등　　77

7월
거문고 별 아래 거북이 머무는 섬　　84
- 거문고 별자리를 품은 섬

8월
거문도 거북 축제 이야기　　91

9월
금오도(金鰲島) 황금거북 이야기　　99

10월
자산 금거북 이야기　　107

11월
오동도에 내려앉은 약속 거북 이야기　114

12월
삼일면 낙포 제석산 섣달 거북등 이야기　120

## 부록

조선의 거북선　　130
거북선의 '한국 노'를 아십니까?　　137
구국의 성지, 선소에 거북선을 띄우자!　143

麗니水니 작가 이야기　　148

# Prologue

## 들어가며
## 아름다운 미항 살아 있는 도시, 麗水

　여수(麗水)는 전라좌수영의 본영이자, 충무공 이순신 장군이 거북선을 건조하고 출정 기지로 삼았던 구국의 성지다. 세계 4대 해전 중 하나인 한산도 대첩의 승리 또한 이곳에서 비롯되었다. 그 역사의 깊은 숨결은 오늘날에도 여수의 바다에 고스란히 배어 있다. 여수는 역사만으로 기억되는 도시는 아니다. 섬과 바다, 바람 속에 스며든 사람들의 기억과 설화가 세월을 지나며 차곡차곡 쌓여, 여수는 어느새 '전설이 살아 있는 도시'가 되었다.

　"여수에 가서 돈 자랑하지 말라."

이 말의 유래는 분명하지 않다. 그러나 여수 곳곳에 전해 내려오는 금오 설화나 '열두 거북 월령가' 속 황금거북 이야기들을 떠올리면, 이 또한 거북 전설과 명당의 기운에 얽혀 생겨난 말일지도 모른다.

옛사람들에게 거북은 단순한 동물이 아니었다. 그 크고 둥근 등껍질은 하늘을, 편평한 배는 대지를 닮아 우주를 품은 형상으로 여겨졌다. 때로는 용왕의 사자, 바다의 수호신으로 존중받았다. 그래서 거북을 잡더라도 다시 바다로 돌려보내는 풍습이 생겨났다. 사람들은 거북과 물의 만남을 '빛과 소금을 만드는 맷돌처럼 재물을 불러오는 길상'으로 믿었다.

바닷물이 마르지 않듯, 여수 또한 재물이 마르지 않는 땅이다. 맑은 물과 따뜻한 인심, 고운 풍경이 어우러진 이곳은 오랜 세월 사람들의 사랑을 받아왔다. 365개의 유·무인도를 품은 여수는 청정 해역과 아름다운 풍광을 자랑하며, 1998년 전국 최초

주민 발의로 통합된 이후 34만 시민이 살아가는 교육·문화의 도시로 성장했다. 국가 산업단지 조성과 수산업 발전, 그리고 2012년 여수세계박람회는 여수의 이름을 세계에 널리 알리는 계기가 되었다. 그때 탄생한 '여니'와 '수니'는 눈에 보이지 않는 작은 생명체, 플랑크톤의 모습을 빌려 여수의 맑은 바다와 숨 쉬는 연안을 지키는 상징이 되었다.

어느 봄날, 수많은 새싹이 대지를 뚫고 솟아오르듯 우리 안에도 질문이 자라난다. 그 물음표들은 창의적인 느낌표를 찾아 멀리 바다를 건너고자 한다. 이 수필집은 그러한 호기심에서 비롯되었다. 여수에 살아 숨 쉬는 열두 황금거북 이야기. 1월 향일암, 2월 사도, 3월 돌산, 4월 백도, 5월 신풍, 6월 조발도, 7월 백야도, 8월 거문도, 9월 금오도, 10월 자산, 11월 오동도, 12월 산단. 이곳의 거북 형상은 풍경에 머물지 않는다. 그 안에는 사람들의 삶과 기억이 깃들어 있고, 세월의 이야기가 고스란히 흐르고 있다. 그 힘이 여수를 오늘의 자리까지 이끌어왔다.

　작가는 현대문예와 한국수필 문학에 등단하였으며, 전라남도 명예 예술인(문학)으로서 중앙 언론에 소개된 실제 이야기들을 바탕으로, 오래도록 품어온 질문을 조심스럽게 풀어내려 한다. 이 책이 독자에게 조용한 감동과 따뜻한 여운으로 남기를 바란다. 그리고 "보이는 것보다 보이지 않는 뒷모습이 더 아름답다"라는 작가의 바람처럼, 글 속에서 여수의 진짜 아름다움을 함께 발견하시길 소망한다.

# 지리산 경호강 거북 수석

지리산 자락을 흐르는 맑고 깊은 경호강 물속에서, 거북 한 마리가 조용히 고개를 들었다. 인간의 손길이 닿지 않은 순수한 자연의 조각. 오랜 세월 강물에 깎이고 닳아 빚어진, 세상의 이야기를 묵묵히 지켜보는 듯한 거북형 수석을 나는 그곳에서 만났다.

1980년 8월, 연무가 살짝 내려앉은 산청군 경호강변.

산새가 우거진 계곡을 따라 굽이치는 급류와 돌무더기 사이에서, 자연 그대로 위 바위를 발견했다.

"와! 찾았다. 거북이다!"

⟨산지: 경호강, 39cm, 23cm, 18cm, 등 30cm, 무게 24kg⟩

 

    세계에서 가장 오래된 생명의 형상 중 하나, 등껍질 30cm의 거북형 석중석이었다. 억겁의 세월 동안 강물에 닳고 닳아 둥그러진 돌. 수백 년, 수천 년의 시간을 품은 그 앞에서, 겨우 몇십 년을 머물다 가는 인간이 돌멩이의 의미를 다 헤아릴 수 있을까.

검은 몸통의 광택, 흰 무늬가 드러난 거북 등껍질은 땅의 기운을 머금어 재물복과 장수를 상기시킨다.

그 안에는 자연의 시간, 숨결, 정신이 고스란히 담겨 있다. 거북은 오래전부터 장수와 지혜, 인내와 평온의 상징이었다. 특히 구국의 성지 여수에는 거북을 닮은 산과 바위의 전설이 곳곳에 살아 있다. 사람들은 그 속에서 삶의 지혜를 찾고, 거북의 등을 타고 오래된 이야기를 건넨다.

이 책은 거북 이야기들의 조용한 귀환이다.

바다를 바라보는 명당자리에 앉아 있는 거북 형상이 계절 따라 여수의 열두 달을 지켜보듯, 열두 황금거북의 이야기를 작은 수필집으로 엮었다. 그 이야기들은 평범한 전설이 아니라, 땅에 스며든 삶과 역사, 그리고 자연의 얼굴이다.

한 장에 담긴 경호강의 거북형 수석은 이 책의 첫 문이자, 독자가 마주할 첫 상징이다. 잠시 멈추어 그 형상을 바라본다면, 어느새 시간의 물살을 거슬러 옛이야기가 다시 피어나는 풍경으로 들어가게 될 것이다. 책장을 넘기며 만나는 거북들의 이야기와 시 한 편으로 잠시 마음을 쉬어가게 하고, 짧은 이야기가 삶의 작은 쉼표가 되어 여백을 채워주기를 바란다.

# 경호강 거북석

지리산 산청 계곡,
흘러내리는 물결 속
돌들이 부딪혀 맑은 소리를 낸다.

거센 강줄기 따라
바위 틈을 헤매다
거울 속 석중석을 발견하고,
아— 탄성이 터졌다.

억겁의 세월 동안
잡석은 사라지고 남은

하늘이 내려준 거북의 형상.

깊은 산 계곡에서
돌멩이가 된 거북을
올려 놓는 순간
지리산의 어른이 눈앞에 서있다.

장구한 세월 물길을 견딘 돌,
자연이 들려준 메시지,
아름답게 살라 전해주는 강물의 노래.

# 麗水 거북선 축제

여수는 거북선의 도시다.

충무공 이순신 장군이 전라좌수영을 본영으로 삼고, 바다를 향해 출정하던 그날의 함성이 아직도 파도에 남아 있다.

1967년, 민족의식을 일깨우고자 시작된 '진남제' 행사는 2004년 제38회를 기점으로 이름을 바꾸어, 오늘날 '여수 거북선 축제'로 이어지고 있다. 올해로 59회를 맞이했으니, 내년이면 벌써 60년. 반세기를 넘어선 축제의 역사는 한 도시의 자부심이자, 한 민족의 기억이기도 하다.

'진남제'는 국보 제304호인 진남관에서 유래한 전

통 행사로, 지역의 호국 문화를 계승하고자 시작되었다. 여수 거북선 축제는 임진왜란 당시 전라좌수영 휘하 오관·오포(순천도호부, 낙안군, 보성군, 광양현, 흥양현과 밥당진, 사도진, 여도진, 옥포진, 발포진) 지역의 수군 장졸과 백성들의 넋을 위로하고, 구국 정신과 충절의 가치를 기리는 데 목적이 있다. 특히 충무공 이순신 장군이 임진년(1592년) 5월 4일, 여수에서 전라좌수영 수군함대를 이끌고 출정한 날을 기념하여, 그날의 함성과 기상을 이어가기 위한 호국문화제로 자리 잡았다.

이순신 장군은 전라좌수영 장졸과 지역 백성들을 중심으로 함대를 조직해 조선을 침략한 왜군에 맞서 싸웠으며, 이 승전의 시작은 바로 여수에서 비롯되었다.

'난중일기'에는 이순신 장군이 고흥 사도 인근에 머물렀던 기록이 있다. 일부에서는 이 시기에 거북바위를 목격하고 해전을 준비했을 가능성을 제기하기도 한다. 거북선은 당시 조선 수군의 상징이자 일본군에게 공포의 대상이었으며, 전략적 측면에서 커다란 전과를 올린 전선이었다. 국내외에 전해지는 거북선 관련 그림은 10여 종에 이르며, 그중 '이충무공전서'에 수록된 전라좌수영의 거북선 그림이 가장 신빙성 있는 자료로 평가받는다. 또한, 일본의 '회본태합기'에도 거북선 그림이 실려 있어, 이순신 장군의 활약이 일본에서도 회자하였음을 보여준다.

축제의 하이라이트인 '통제영 길놀이'는 전라좌수영이 조선 최초의 삼도수군 통제영으로 승격된 역사적 사실을 기념한 퍼레이드다. 수천 명의 시민과 학생이 수군 복장을 하고 거북선·판옥선과 함께 거리 행진을 펼치며, 임진왜란 당시의 출정 장면을 생생히 재현한다. 이 행사는 여수의 해양 역사와 문화를 보여주는 대표 행사로, 전국 10대 지방 축제에 선정된 바 있다. 또한, 축제는 사료와 전승 자료를 기반으로 한 역사적 재현에 그치지 않고, 현대적인 감각도 가미된다. 해군사관학교 박물관에 소장된 청화백자에는 용머리에서 연기를 토해내는 거북선이 묘사되어 있으며, 병풍 형식의 '거북선해진도'에도 여러 전선이 전열을 갖추고 있는 모습이 그려져 있다. 특히 이순신 장군의 후손에 전해지는 거북선 그림에는 다른 자료에서는 볼 수 없는 돛대 두 개와 지휘용 장대가 설치된 모습이 등장한다.

현대에 이르러, 여수시는 축제를 다양한 시민 참

여형 체험 행사로 확장했다. 통제영 길놀이 구간을 서교 로터리에서 이순신광장까지 단축해 관람 몰입도를 높이고, 100대의 드론으로 이루어진 라이트 쇼를 통해 축제의 시각적 매력을 더했다. 이 드론쇼는 해전 진법, 거북선, 이순신 장군의 형상을 밤하늘에 형상화해 관람객들의 큰 호응을 얻었다. 축제 기간 선소 일원에는 거북선과 판옥선 모형이 전시되고, 어린이 인형극, 거리공연, 거북선 만들기 대회, 좌수영 낭만 버스 투어, 병영 체험, 탁본 체험 등 다채로운 체험 행사가 펼쳐진다.

임진왜란 육상 유적지 순례와 수군 복식 체험 등은 가족 단위 방문객에게도 인기를 끌고 있으며, 여수 시민들은 27개 읍면동에서 지역 특산품과 다양한 먹거리를 정성껏 준비해 방문객을 맞이한다. 축제는 고유제, 이순신 동상 참배, 개막식, 수군 출정식, 해상 행진, 소년 이순신 선발대회, 매구 경연대회, 거북선 가요제 등으로 이어지며, 나흘간 뜨거운

열기를 이어간다.

여수는 거북선과 함께한 도시다.

충무공 이순신 장군께서 "약무호남 시무국가"(若無湖南 是無國家)라고 하셨다. "호남이 없으면 나라도 없다." 임진왜란의 승리는 바로 여수를 중심으로 한 호남의 헌신과 희생에서 비롯되었다. 이러한 정신을 계승하고자 매년 5월 가정의 달에 열리는 여수 거북선 축제는 지역 행사를 넘어 세대를 잇고, 기억을 이어가는 살아 있는 역사이자, 미래를 향한 희망의 문화유산이다. 그 물결 속에는 지금도 여수를 살아가는 이들의 자부심 깊은 이야기가 흐르고 있다. 거북선 축제는 그 이야기의 현장이며, 여수를 찾는 이들은 그 속에서 과거를 마주하고 미래를 꿈꾸게 된다. 내년이면 60주년을 맞는 축제는 늘 열려 있고, 누구든 그 물결에 함께할 수 있다.

# 여수에 가서 돈 자랑하지 말라

여수(麗水). 이름 그대로 '깨끗한 물', '아름다운 바다'를 품은 도시. 오래전부터 사람들은 이곳을 두고 이렇게 말했다.

"여수에 가서 돈 자랑하지 말고, 순천 가서 인물 자랑하지 말며, 벌교 가서 주먹 자랑하지 말고, 고흥 가서 힘자랑하지 말라."

농담처럼 들리지만, 그 말 속에는 세월이 남긴 기억과 남쪽 지역의 특별한 사연이 담겨 있다. 그중에서도 "여수에 가서 돈 자랑하지 말라"는 말은 여수가 오랫동안 돈이 돌고 재물이 쌓이던 곳이었음을 보여준다.

해방 이후 여수의 아침은 언제나 항구에서 시작되었다. 새벽 공기가 채 밝기도 전, 국동 포구와 남산동 어판장으로 사람들의 발걸음이 쏟아졌다. 밤새 바다를 누빈 어선들이 어둠을 뚫고 돌아오면, 부두는 순식간에 북적였다. 갑바를 걸친 인부들이 물고기를 어창에서 끌어내자, 바다는 비린내로 가득 찼다. 물고기를 소달구지에 싣는 사람, 손수레를 끌고 뛰어다니는 사람, 지게를 진 인부들까지 발길이 쉴 틈 없었다.

	생선이 바닥에 줄지어 놓이면, 곧 경매꾼들이 나타났다. 굵은 목소리가 시장 한복판을 가르며 쩌렁쩌렁 울려 퍼졌다. 중매인들은 눈빛 하나, 손가락 한 번으로 은밀히 가격을 정했고, 단숨에 거래가 성립되었다. 그렇게 팔린 생선은 곧장 시장으로 흘러 들어갔고, 남은 지게꾼들과 마도로스 선원들은 포장마차에 모여 따끈한 해장국에 소주 한 잔으로 새벽일을 마무리했다. 항구의 하루는 늘 이렇게 요란

하고도 활기찼다.

여수는 다른 시골과 달랐다. 농촌에서는 논과 밭이 재산이었지만, 어촌인 여수에서는 배 한 척이 곧 부의 상징이었다. 배를 가진 이는 금세 부자가 되었고, 선원들은 목돈을 쥐어 여수 곳곳에 돈을 풀었다. 중앙동 해안 통에는 뱃고동 소리가 울려 퍼졌고, 부두에는 생선이 지천으로 쌓였다. 굶는 이가 없던 항구 도시. 이런 풍경 속에서 "여수에 가서 돈 자랑하지 말라"는 말은 자연스레 힘을 얻어 퍼져나갔다.

그러나 풍요의 뒷면에는 어두움도 있었다. 한국전쟁 이후, 우리나라는 세계에서 가장 가난한 나라였다. 그 시절 전국이 암시장으로 들끓었고, 부산 국제시장이나 서울 남대문 도깨비시장에는 밀수품이 넘쳐났다. 일본과 가까운 여수 역시 예외가 아니었다. 다도해의 수많은 섬은 은밀한 거래를 숨기기에 최적의 조건이었고, 여수항은 곧 밀수의 중심지로 떠올랐다.

1960년대, 제조업이 거의 없던 시절, 공업 제품과 생필품을 구할 길이 막히자 사람들은 밀수에 의존했다. 여수 사람들 사이에는 "세 번 잡히고 한 번만 성공하면 돈방석에 앉는다"라는 말이 돌았다. 논밭을 팔아 항구로 몰려온 이들이 밀수꾼에게 돈을 맡겼지만, 대부분은 실패로 끝났다. 순식간에 재산을 잃고 가세가 기운 이들이 속출했다. 부둣가 다방은 밀수꾼들의 은밀한 밀회 장소가 되었고, 몇몇 선주들은 어선에 제트 엔진을 달아 하룻밤 사이 일본을 오가며 물건을 날랐다. 대마도에 전진 기지를 세운 이들까지 있었다.

성공한 이들은 감쪽같이 여수를 떠났지만, 실패한 빚쟁이들은 돌아갈 곳도 없이 선창을 배회하며 술로 세월을 보냈다. 패가망신의 비극이 이어졌고, 목숨을 잃는 일도 잦았다. 결국, 정부는 밀수 소탕령을 내렸고, 여수 교동 선창에는 압수한 밀수품이 산더미처럼 쌓였다. 그것을 시민들 앞에서 불태우는 장면은 '단절의 선언'이었지만, 동시에 시대의 어두운 단면을 보여주는 퍼포먼스였다.

1970~90년대, 여수는 다시 한번 옷을 갈아입었다. 여천 중화학공업 단지와 광양제철이 들어서고, 수산물과 일본과의 교역이 맞물리면서 여수는 '돈이 몰리는 도시'로 재도약했다. 겨울이면 국동 포구에 새조개가 산더미처럼 쌓였고, 아낙네들은 모닥불을 피워놓고 조개껍질을 까며 손끝을 데웠다. 그렇게 가공된 조개는 장어·문어·쥐치와 함께 활어 어선을 타고 일본으로 수출되었다.

그러나 활어선의 어창에는 물고기뿐만 아니라 일본산 가전제품과 오토바이 부품도 숨어들었다. 폭력 조직과 결탁한 밀수 세력이 활어 수출선에 얹혀 지역 경제를 좌지우지했다. '인구 13만 중 4만 명이 밀수로 먹고산다.'라는 과장된 말까지 돌았다. 합법과 불법, 성장과 범죄가 교차하던 시대였다.

어둠을 태워낸 자리에도 돈의 흔적은 남았다. 그래서 "여수에 가면 재물복이 굴러온다."라는 말이 생겨났고, 남해와 고흥의 사람들이 여수로 이주해 살기도 했다. 하지만 지금의 여수는 그때와 다르다. 한때 여수항 일대를 중심으로 여수시·여천시·여천군으로 나뉘었던 여수반도는 3려 통합으로 다시 하나가 되었지만, 인구는 34만에서 27만으로 줄었다. 돈이 넘치던 도시라는 말이 무색할 만큼, 이제는 미래를 걱정해야 하는 도시가 되었다.

그런데도, 바다는 여전히 물결치고 새벽 항구에는 또다시 사람들의 발걸음이 모여든다. "여수에 가서 돈 자랑하지 말라"는 말은 단순한 풍문이 아니다. 풍요와 부침을 함께 겪어낸 여수가 스스로 건너온, 오래된 가르침일 것이다.

## 麗니水니
### 재미있는 여수 열두 황금거북 이야기

달마다 바다에서
거북이 한 마리씩 올라왔대요
어떤 거북은 금빛 바위를 지켰고
어떤 거북은 별을 등에 이고 잠들었죠
바람 따라, 파도 따라
열두 마리 거북이 들려주는 이야기
여수의 섬과 골목, 그리고
오래된 마음속에 숨어 있던
재미있는 전설이
지금부터
펼쳐집니다

# 1월 정월,
# 돌산 향일암 황금거북 이야기

여수 돌산도의 남쪽 끄트머리.

깎아지른 절벽 아래 자리한 향일암은 이름 그대로 아침 해를 맞이하는 암자다. 정월 초하루, 남해 수평선 위로 붉은 해가 떠오르면, 이곳은 소망을 품은 사람들로 가득 찬다. 새해를 여는 그 순간, 바다는 붉게 물들고, 암자는 빛으로 가득 찬다.

이곳에는 오래된 이야기가 있다. 대웅전 앞에 서서 왼쪽으로 고개를 돌리면 임포마을이 내려다보이고, 그 아래 흔들바위 곁에는 바닷속으로 천천히 잠수해 들어가는 거북의 형상이 보인다. 등허리에 불경을 이고 바다로 들어가는 듯한 황금거북 모습은 오랜 세월 사람들에게 신비로운 기운을 전해주었다. 여수에는 농가 12월령 가처럼 12개의 명당자리에 거북 형상이 앉아 있는 전설이 전해진다.

그중 정월의 거북은 바로 이 향일암에 위치하며, 열도 바다를 바라보며 흙과 물의 기운을 끌어올린다고 한다. 암자 뒤편 금오산 자락은 거북 형상을 하고 있어 예로부터 이곳을 '영구암'이라 불렀다.

향일암은 통일신라 시대인 644년, 선덕여왕 때 원효대사가 창건하여 '원통암'이라 불리다가, 고려 광종 9년인 958년에 윤필이 중창하여 '금오암'이라 하였다. 임진왜란 당시에는 승군의 본거지로 사용되었고, 1849년 헌종 때에는 현 위치로 옮겨 '책륙암'이라 하였다. 이후 근대에 들어 경봉 스님이 절 뒷산의 형상이 거북을 닮았다고 하여 '영구암'으로 불렸으며, 오늘날에는 '향일암'이라는 이름으로 불리고 있다.

20세기 이후 향일암은 여러 차례 중건과 보수를 거쳐 오늘의 모습을 갖추게 되었다. 1925년에는 최칠룡 주지가 산신각과 취성루를 지었고, 해방 이후 박영주 주지가 법당과 전각을 다시 세웠다. 1970년에는 박천수 주지가 취성루를 개수하였으며, 1984년 종견 스님이 칠성각과 종각을 중창하였다. 이어서 1986년 대웅전, 1987년 삼성각, 1990년 용왕전, 1991년 관음전을 중건하여 오늘에 이르고 있다.

향일암으로 향하는 길은 마치 한 편의 수묵화처럼 펼쳐진다. 국내 최대 해상 케이블카를 지나 해안

일주도로를 달리다 보면 바다에서 불어오는 해풍과 동백꽃의 향기에 취하게 된다. 거대한 일주문을 지나 291개의 계단을 올라 바위틈 석문을 통과하면, 향일암 대웅전이 모습을 드러낸다.

이곳의 흔들바위는 한 사람이 흔들어도 열 사람이 흔들어도 일정하게 흔들리는 것으로 알려져 있다. 사람들은 이 바위를 한 번 흔들면 불경을 한 번 읽는 것과 같은 공덕이 쌓인다고 믿고 있다. 실제로 1984년에는 전라남도 문화유산자료로 지정되기도 하였다.

정월 초하루, 향일암 뒤 금오산에서 숨 쉬고 있는 거북 형상 위로 붉게 솟아오르는 해돋이의 햇살과 그 산새의 풍광이 한눈에 펼쳐진다. 향긋한 바다 냄새를 맡으며 일출을 보는 이곳에서는 사람들의 숨소리마저 잠잠해지고, 마음속으로 일 년의 소원을 조용히 빌게 된다. 이러한 이유로 이곳은 우리나라 4대 관음도량 가운데 하나로 꼽히는 기도처이며, 매년 정월 초하루부터 수많은 방문객이 전국 각지에서 향일암을 찾아오고 있다.

향긋한 바다 냄새와 함께, 사람들은 거북이 지키는 이 명당에서 새해의 복을 기원한다. 정월의 절경으로 꼽히는 향일암 거북바위는 오래전부터 여수 사람들에게 바다와 삶을 지켜주는 상징으로 여겨져 왔다. 이 수려한 바닷길과 산세는 여수의 자랑일 뿐 아니라, 이 땅의 기운을 품은 금거북 명당 터로서 후세에도 지켜야 할 소중한 자산이다. 혹시라도 해돋이를 보러 향일암을 찾게 된다면, 꼭 왼쪽 바위 아래를 한 번 내려다보길 바란다. 조용히 엎드려 바다로 들어가는 거북의 등을 본 순간, 나도 모르게 마음속에 하나쯤은 숨겨둔 소원이 떠오를지도 모른다.

# 향일암 거북이

동백꽃 향기에 취한
금오산 관음도량 기도처,
남단 끄트머리 향일암

거대한 바위 틈새를 비집고
석문을 열며
대웅전이 드러난다.

남해 수평선 위로
붉게 떠오르는 첫 해
가슴에 소원 하나를 품고

명당에 자리한 거북은

흙과 물의 기운을 등에 이고

살며시 몸을 일으켜

바다를 향해 천천히 나아간다.

# 2월 모세의 기적
# 사도(沙島)의 거북바위 이야기

　남해안, 여수반도와 고흥반도의 끝자락. 그 사이, 조용히 숨어 있는 작은 섬 하나. 사도(沙島). 여수시 화정면에 속한 이 섬은 지도 위에서도 점 하나로 보일 만큼 작고 아담하다. 그러나 이 작은 섬에서는 매년 음력 2월, 사람들의 발걸음을 멈추게 하는 특별한 장면이 펼쳐진다. 사람들은 그것을 '모세의 기적'이라 부른다.

　음력 2월 초하루. 바닷물이 가장 깊이 물러나는 영등시기, 조수간만의 차가 극대에 이른다. 그날이면 사도의 주변 일곱 섬 본도, 추도, 간도, 시루섬,

장사도, 나끝, 진대섬 사이에 길이 열린다. 'ㄷ'자 모양으로 길게 이어지는 780m의 바닷길. 폭 15m 남짓한 모래 지면 위로 섬과 섬이 서로 손을 맞잡듯 이어지고, 걷는 이들은 마치 바다 한가운데 놓인 회랑을 천천히 지나간다. 백야항에서 남서쪽으로 약 25km. 자동차로 한 시간 남짓 달려 상·하화도를 지나 도착하면 사도가 나타난다.

옛 이름은 '사호도(沙湖島)'. 모래 사(沙), 호수 호(湖). 지금은 간단히 사도라 불리지만, 그 고요하고 은밀한 기운은 여전히 섬 전체에 내려앉아 있다. 그 장면의 중심에 선 사도는, 오래전 화산 활동으로 생겨난 용암지형 위에 모래가 쌓여 형성된 섬이다. 갈 길 위를 걷다 보면 어느 순간, 바다를 향해 나아가는 거대한 거북 형상의 바위가 눈앞에 드러난다.

사도의 상징, 거북바위.

그저 바위 하나에 불과할까?

이 바위는 전설이 깃들고, 충무공 이순신 장군의

숨결이 남아 있는 바위다. 사도에는 거북바위를 비롯해 얼굴바위, 감자바위, 멍석바위, 장군바위, 고래바위 등 일곱 개의 기암이 흩어져 있다. 그 가운데서도 여수를 향해 몸을 돌린 거북바위는, 바닷물을 마시는 듯한 모습으로 보는 이에게 가장 강렬한 인상을 남긴다. 자연이 빚어낸 장관 뒤에는, 역사의 흔적 또한 고스란히 남아 있다. 임진왜란 당시 전라좌수사로 부임한 충무공 이순신 장군이 고흥 일대를 시찰하던 중 바로 이 사도에 들렀다. 그 흔적은 난중일기 2월 24일과 26일 자에 또렷이 기록되어 있다.

"배를 타고 사도에 이르니, 흥양 현감이 먼저 와 있었다. 전투 배를 점검하고 날이 저물어 잠자리에 들었다."(난중일기 2월 24일)

2월 24일(을묘, 4월 6일) 가랑비가 내리던 날, 사랑을 지나 사도에 이르러 흥양 현감과 함께 전투 배를 점검하고, 날이 저물자 섬에 머물렀던 장군의 모습이 눈앞에 그려진다.

가랑비가 산에 내리고, 아주 가까운 거리도 헤아릴 수 없었다. 비로 무릅쓰고 길에 떠나 마계산(磨界山), 고화도(古火島)는 피두령 외량(外糧) 밑의 사량(蛇梁)에 이르러. 배를 타고 노질하여 사도(蛇渡)에 이르니, 흥양 현감(興陽縣監)이 먼저 와 있었다. 전투 배를 점검하고 나니 날이 저물어 잠자리에 나왔다. 생략. 二月 二十四日(을미, 四月 六日)

아침 일찍 출항하여 개이도(介伊島), 여수시 화정면 사도리 추도(鄒島)에 이르니, 여도의 배와 방답진의 배가 나와서 기다리고 있었다. 날이 저물어 서야 방답진에 이르러 공사례(公私禮)를 마친 후 무기를 점검했다. 장전(長箭)과 편전(片箭)은 하나도 쓸 만한 것이 없어 걱정이지만, 전투선은 그나마 온전한 편이어서 기쁘다. 二月 二十六日(정사, 四月 八日)

2월 26일(정사, 4월 8일). 충무공은 개이도와 방답진을 잇는 항해 기록을 남겼다. 그날 일기에는 무기와 전투선을 점검하는 장면이 등장한다.

장전과 편전은 형편없었지만, 배는 어느 정도 쓸 만하다. 짧은 문장 속에서도 전장의 긴박함과 대비되는 그의 냉철한 판단이 엿보인다. 일기 속에는 '거북바위'라는 이름이 직접 언급되지 않는다. 그러나 섬의 중심에 우뚝 선 바위를 바라본 충무공이, 훗날 거북선을 구상하는 데 어떤 영감을 얻었을지도 모른다는 추측은 오래도록 전해졌다.

사람들은 지금도 충무공의 얼이 사도에 깃들어 있다고 믿는다. 그 정신은 바다 건너 중도(토도)의 거북바위에도 실려 있다. 임진왜란 당시 왜군을 속이기 위해 횃불을 밝히고 북소리를 울렸다는 장군바위의 전설 역시, 이 믿음의 한 자락이다.

사도에는 바람과 바위, 조수와 지형이 어우러져 전술되고 신념이 되었던 역사의 흔적이 고스란히 서려 있다. 충무공의 지혜는 이 조용한 섬에도, 하나의 기운처럼 머물러 있는 듯하다.

자연이 만든 '사도 거북바위'

사도 선착장에서 마을 동쪽으로 난 길을 따라 걷다 보면, 길게 이어진 해수욕장이 펼쳐진다. 모래사장을 따라가다 보면 콘크리트 다리 하나가 나타나고, 그 다리를 건너면 중도에 닿는다.

중도의 해변은 특별하다. 양쪽으로 모래사장이 드리워져 있어, 거울처럼 두 얼굴을 품은 '양면 해수욕장'이라 불린다. 고요한 풍경 속에서 파도는 양쪽에서 찰랑거리며 밀려오고, 발아래 부서진 조개껍질은 사각사각 독특한 소리를 낸다. 길 끝자락에 이르면 시선이 멈춘다. 두 개의 바위섬이 나란히 모습을 드러내기 때문이다. 왼편에는 장사도, 오른편에는 토끼를 닮은 토도(兎島). 토도는 시루처럼 생겨 '시루섬'이라 불리기도 하고, 한자로는 '증도(甑島)'라 표기된다.

썰물이 시작되면, 중도와 토도 사이에 감춰졌던 백사장이 드러난다. 하얀 띠 위를 걷는 이들은 마치 시간의 문을 통과하는 듯한 기분에 젖는다.

사도

 이곳은 지질학자들에게는 거대한 자연사 박물관이며 아이들에게는 공룡이 뛰쳐나올 것 같은 상상의 놀이터다. 해안선을 따라 걷다 보면 바다를 향해 길을 이끄는 듯한 바위가 하나 우뚝 솟아 있다. 둥근 등을 하고, 하늘을 향해 비스듬히 고개를 든 채, 바다를 향해 천천히 기어가는 모습의 '거북바위', 바위 위로 서면, 정면에는 묵묵히 바다를 응시하는 얼굴바위가 마주 선다. 움푹 팬 눈, 오뚝한 콧날, 굳게 다문 입술. 오랜 세월 풍파를 견디며 섬을 지켜온 수호신 같다. 그 아래에는 감자처럼 둥근 바위가 놓여 있고, 다시 그 아래에는 수백 명이 앉아도 넉넉할 만큼 넓은 멍석바위가 펼쳐진다.

절벽 아래로 이어진 해식애와 움푹 팬 바위 테라스, 그 안쪽에 쌓인 파식 대지와 타포니, 겹겹이 쌓인 퇴적암과 응회암은 이 섬이 얼마나 오래 바다와 바람에 빚어져 왔는지를 고스란히 보여준다.

사도 일대는 지질학적 가치뿐 아니라 공룡 발자국 화석의 보고다. 추도에서는 세계에서 가장 긴 84m 보행렬이 발견되었고, 확인된 발자국만 3,546점에 이른다. 사도와 중도, 토도 곳곳에도 조각류 공룡의 발자국이 찍혀 있으며, 일정한 간격으로 무리 지어 걷던 흔적은 그들이 집단생활을 했음을 보여주는 소중한 단서다. 무겁고 투박한 발자국의 자취는 6천5백만 년 전, 이곳이 공룡들의 보금자리였음을 증명하는 지구의 오래된 이야기다.

나는 가끔 이런 상상을 해본다. 이 섬들을 묶어

'바위섬 일곱 남매'라 부르고, 그 위에 공룡을 얹어 '시끌벅적 공룡 마을'이라 불러본다면 어떨까. 그 이름만으로도 아이들의 상상력은 한껏 자라날 것이고, 어른들의 발걸음에는 미소가 번질 것이다.

자연과 역사, 그리고 상상이 어우러진 작은 섬. 사도. 이곳은 한 편의 동화처럼 마음속에 오래 남을지 모른다. 마을은 작고, 조용하고, 깨끗하다. 주민은 20여 명 남짓, 대부분이 65세가 넘은 어르신들이다. 호박돌을 울퉁불퉁하게 쌓아 올린 담장 너머로 무화과나무가 흔들리고, 계절을 따라 피어난 꽃들은 담벼락 아래서 정성스레 얼굴을 내민다. 젊은 사람은 드물지만, 이 조용한 사도와 토도에는 분명히 '살아 있는 시간'이 느리지만 단단하게 흘러가고 있다.

예전, 사도로 향하는 길은 멀고도 복잡했다. 여수에서 배를 타거나, 구불구불 이어진 길을 오랫동안 달려야만 닿을 수 있었다. 그러나 지금은 다르다. 국도 77호선이 여수와 고흥을 잇고, 조발도·둔병도·낭도·적금 도를 지나 팔 영대교까지 이어지는 다섯 개의 연륙교가 바다 위에 놓였다. 총 17km의 길. 2011년 착공되어 2020년 2월 완공되었다. 예전에는 여수에서 사도까지 한 시간 사십 분이 걸렸지만, 이제는 자동차로 스무 분이면 낭도에 닿는다. 멀고 험하던 길은 어느새 가까운 바닷길로 변했다.

여수에서 자동차로 아치형 연륙교를 건너면 낭도에 닿는다. 그곳 선착장에서 배를 타면, 10분 남짓 만에 사도에 이른다. 낭도와 사도의 직선거리는 불과 300m. 이제는 마치 가까운 동네처럼 오가며 걷기도 쉬워졌다.

여수시는 오는 2026년 세계 섬 박람회를 앞두고, 낭도에서 사도까지 사람만 다닐 수 있는 다리를 놓을 계획이다. 머지않아 그 길은 남해안을 대표하는 걷기 명소가 될지도 모른다.

그러나 이 고요한 섬들 사이에는 오래된 전설도,

아픈 역사도 함께 숨 쉬고 있다. 일제강점기, 강제노역을 피해 달아난 젊은이들이 토도의 바위굴 속으로 몸을 숨겼다. 일본 순사들이 섬 구석구석을 뒤졌지만, 굴 속까지는 찾지 못했다. 그들은 무사히 살아 돌아왔고, 그 이야기는 지금도 마을 사람들 사이에서 조용히 전해진다. 바다와 바위가 품은 그 기억은, 오늘날까지 이 섬을 더욱 깊고 단단하게 만든다.

사도엔 없는 것이 많다. 자동차도, 편의점도, 프랜차이즈도 없다. 하지만 그것이 바로 이곳의 가장 큰 매력이다. 복잡한 도시 생활에 지친 이들은 이 조용한 섬에서 여유와 고요, 그리고 오래된 자연의 온기를 만난다. 이따금 가족 여행객이나 소규모 탐방객들이 민박에 머물며 공룡 발자국을 따라 걷고, 바닷가에서 조용히 낚시를 드리우기도 한다. 해수욕장도, 숲길도, 공룡 화석도 있는 이 작은 섬은 살아있는 자연사 박물관이요, 치열한 삶에서 한 걸음 물러나 숨 고를 수 있는 공간이다.

단, 물때를 모르면 곤란해질 수도 있다. 썰물에 길이 드러나야만 들어갈 수 있는 양면 해수욕장의 토도는, 밀물이 되면 다시 바닷물에 잠긴다. 무심코 들어갔다가 길이 끊기는 바람에 몇 시간을 갇혀 지낸 이들도 있었다.

섬은 늘 우리에게 말한다. "자연의 시간을 따라오라"라고.

사도는 수천만 년 전 공룡이 남긴 발자국을 품고 있다. 그리고 오늘, 우리는 그 위를 걷고 있다. 공룡의 발자국은 자연이 남긴 유산이지만, 현대인이 남기는 발자국은 때로 자연을 훼손하는 흔적으로도 남는다.

최근 여수시는 낭도리 일대에서 진행한 공룡 발자국 기록화 사업을 통해, 이 지역의 지층 연대가 국내에서 '가장 젊은 백악기 화석'이라는 점을 밝혔다. 이는 공룡 멸종기와 맞닿아 있는 시점이자, 중국과 일본을 포함한 동아시아 중생대 생태계를 복원하는 데 있어 매우 귀중한 단서로 평가된다.

이렇듯 사도와 그 주변 섬들은 그저 관광지가 아니라, 우리 땅의 깊은 연원을 보여주는 살아 있는 자연사 교과서다. 그 의미를 생각하면, '모세의 기적'으로 불리는 바닷길이 단순한 경이로움으로만 느껴지지 않는다. 바다의 길이 열릴 때마다 우리는 한 번쯤 생각해보게 된다. 지금 우리가 밟고 있는 이 땅의 기억과 우리가 후대에 남겨야 할 책임에 대해.

지금도 사도에는 열두 가구 남짓의 사람들이 살아간다. 마늘을 심고, 콩을 거두며, 손자 손녀를 떠올리는 노인들의 손길이 이 섬의 시간이다. 대단한 시설은 없지만, 거기엔 자연이 있고, 이야기가 있고, 지켜야 할 것이 있다.

6천5백만 년 전 공룡이 남긴 발자국에서부터 임진왜란의 해전 전략, 일제강점기의 피난 이야기, 그리고 지금, 이 순간 사도와 토도를 찾아 걷는 이들의 발걸음까지. 이 섬은 단지 '모세의 기적'으로만

설명되기엔 너무나 많은 시간을 품고 있다.

언젠가, 낭도에서 사도, 그리고 토도로 이어지는 바다 위 탐방 길이 완성되면, 이곳은 남해안에서 가장 특별한 길이 될 것이다. 그저 걷는 길이 아니라, 시간을 건너는 길. 자연과 역사, 인간의 이야기가 함께 숨 쉬는 길이 될 것이다.

# 신비의 섬 사도(沙島)

2월 영등시
일곱 섬이 이어진 길목에
모래섬 위에 멈춘 시간

공룡의 발자국 길게 이어지고
자연사 박물관 속
숨은 이야기들이 고요히 흐른다.

사도의 거북바위,
충무공의 마음이 거북선에 실려
해전의 물결을 타고,
승리의 소리가 울려 퍼진다.

# 3월
# 돌산 금오산(金鰲山) 거북 이야기

   3월의 햇살은 부드럽다. 따스한 기운이 바람에 실려 돌산 금오산 자락을 따라 천천히 흐른다. 여수시 돌산읍 남쪽 끝, 푸른 남해와 맞닿은 해안선을 따라가면 금오산(金鰲山, 323m)이 우뚝 솟아 있다. '쇠 금(金)', '큰 바다거북 오(鰲)', 이름 그대로, 금빛 바다거북이 등을 펼친 형상이다. 실제로 산 전체의 바위와 지형은 거대한 거북이 바다로 기어가는 듯한 모습이다.

   옛사람들은 금오산을 거북이 등에 경전을 싣고 바닷물에 발을 담근 형상이라 보았다. 산길을 걷다 보면 등껍질처럼 육각으로 갈라진 바위들이 곳곳에 흩어져 있다. 그 기묘한 배열은 평범한 바위가 아니라 여수 사람들 마음속에 이어진 오랜 전설과 닿아 있다.

전해오는 이야기로는, 남면 금오도 용궁에 살던 열두 마리 거북이 햇볕과 맑은 물에 이끌려 올라왔다가 바다로 돌아가지 못하고 그 자리에서 바위로 굳어졌다고 한다.

산을 오르다 보면 향일암(向日庵)으로 이어지는 등산길이 나온다. 향일암은 백제 의자왕 시절, 원효대사가 창건한 사찰로, 이름 그대로 '해를 향하는 암자'이다. 기암절벽 끝자락에 자리한 이 암자는 해돋이 명소로 유명하며, 남해 수평선 너머에서 떠오르는 태양이 암자를 붉게 물들일 때면, 세상이 잠시 멈춘 듯한 경건함이 감돈다. 이곳 임포항 근처에는 임진왜란 당시 충무공 이순신 장군이 거북선을 건조했고 사도의 거북바위를 통해 영감을 얻었다는 이야기는 민간 전설로 전해지며, 여수 곳곳에 퍼진 거북의 기운은 바다를 지키던 충무공의 정신과 맞닿아 있다. 금오산 역시 그러한 상징 일부로, 바다를 향해 나아가는 거북의 형상을 담고 있다.

금오산의 주요 등산로는 율림항 주차장에서 시작된다. 율림치(181m)에서 산릉선을 타고 오르면 금오산 정상(삼각점)이 나온다. 이어 전망암과 통천문, 목계단, 향일암으로 이어지는 길이 잘 정비되어 있다. 북쪽으로는 봉황산과 연결되고, 남동쪽 능선은 경사가 완만해 많은 등산객이 찾는다. 산행 중에는 동백나무와 후박나무가 어우러진 상록 활엽수림, 그리고 소나무 숲이 고요하게 어깨를 맞대며 계절을 맞이한다.

금오산 일대는 지질학적으로 중생대 백악기의 불국사 화강암류로 이루어져 있다. 이 단단한 화성암이 세월에 따라 풍화되어 지금의 육산을 이루었고, 그 결과 형성된 독특한 절리와 바위들은 거북 등껍질 같은 문양을 만들었다. 산 정상 근처에는 수죽산성과 입암산성이 남아 있다. 특히 입암산성은 조선 효종 때 개축된 사적 제384호로, 임진왜란과 몽골 침입 시 조선과 고려의 병사들이 목숨을 걸고 방어하던 요충지였다.

또한, 금오산을 중심으로 '거북'을 형상화한 여수의 상징 캐릭터 '구니'와 '구키'도 만들어졌고 여수 바다를 지키는 거북의 전설이 이 도시의 정체성을 담는 심벌로 다시 태어난 것이다.

산에서 내려오며 남쪽 끝 바위지대에 이르면, 촛대바위와 기둥바위, 통천문과 같은 기암들이 짙푸른 바다를 배경으로 우뚝 서 있다. 날이 맑은 날에는 나로도와 금오도를 비롯해 다도해의 크고 작은 섬들이 장관을 이루며 수평선을 채운다. 붉게 물드는 일출과 황혼의 해넘이는 이곳을 여수 사람들이 '명산'이라 부르는 이유를 증명한다.

3월, 금오산의 거북은 다시 햇살을 등에 지고 있

다. 살아 있는 듯한 바위들 사이로 바람이 불고, 해풍은 바닷바람을 실어 나른다. 거북은 여전히 그 자리에 머물며, 여수와 바다, 그리고 우리의 시간을 천천히 품어주고 있다.

돌산 금오산 바위 전경

# 거북이 된 산

태초의 하늘이
돌산 끝에 봉우리를 세웠다
아, 금오산.

바위 틈 사이로
햇살이 흘러들고
동남풍이 어깨를 쓸고 간다.

온 산이 거북의 등껍질,
숨 쉬는 금빛 거북은
열도의 바다를 바라본다.

# 4월,
# 거북이 머무는 백도

남해안 최남단, 다도해 해상국립공원 안에 자리한 백도(白島). 하늘에서 내려다보면 섬 전체가 마치 바다 위를 유영하는 거대한 거북의 형상이다. 바람은 사방에서 불어와 바위 절벽에 부딪히고, 햇살은 에메랄드빛 바다 위로 흩뿌려진다. 멀리서 보면 백도는 그저 바위섬일 뿐이지만, 가까이 다가가면 수천 년의 시간과 이야기가 깃든 공간임을 누구나 느끼게 된다.

백도에는 오래된 전설이 내려온다. 옥황상제의 아들이 이곳에 머물다 용왕의 딸과 인연을 맺고 긴 세월을 보냈다는 이야기다. 바다를 벗 삼아 풍류를 즐기던 두 사람은 마침내 돌아오지 않았고, 아들을 기다리던 상제는 신하들을 보냈으나 끝내 소식이 닿지 않았다. 그 뒤로는 이야기가 엇갈린다. 누군가는 그들이 끝내 바위가 되었다고 하고, 누군가는 아직도 이 바다를 지킨다고 말한다. 바닷바람에 씻긴 전설은 사람마다 다르게 기억되지만, 지금도 섬을 바라보는 이들에게는 상상의 여백을 남긴다.

백도의 기암절벽은 하나하나가 이름을 가지고 있다. 병풍처럼 둘러선 바위들, 층층이 포개진 시루떡 바위, 서로 마주 선 형제바위, 날개를 펴고 선 듯한 매바위… 바람과 파도가 수백, 수천 년 동안 빚어낸 이 조각품들 앞에 서면, 자연이 얼마나 오랜 세월 장인처럼 일했는지 절로 감탄하게 된다. 바위의 숫자는 아흔아홉 개. 그래서 '백(百)'에서 하나를 뺀 '흰 백(白)'을 써서 백도라 불리게 되었다.

봄이면 섬은 한층 더 살아난다. 흐린 날이면 흰빛

바위가 갈색으로 변하고, 노을이 깔리는 저녁에는 붉은빛이 바위를 덮는다. 계절이 바뀔 때마다 바다는 다른 얼굴을 보여준다. 섬을 덮은 숲에는 풍란과 장수란, 곰솔이 자라고, 바다직박구리와 흑비둘기, 휘파람새 같은 희귀한 새들이 깃을 튼다. 사람의 발길이 닿지 않은 채 보존된 생태계는 백도를 더욱 신비로운 곳으로 만든다.

상백도와 하백도

하지만 백도를 특별하게 만드는 것은 전설과 경관만이 아니다. 이곳에는 4월이 되면 전해 내려오는 또 다른 이야기가 있다. 거대한 거북이 명당의 물을 마시고 여름 농사를 돕기 위해 남쪽 삼도까지 헤엄쳐 간다는 것이다. 과학적 사실과는 거리가 있지만, 그 속에는 바다와 함께 살아온 사람들의 바람이 담겨 있다. "삼도에는 좋은 인물이 많이 태어난다."라는 말 역시 이런 상상에서 비롯된 것이다. 섬과 사람을 잇는 이야기는 결국 공동체의 기억으로 남아, 세대를 넘어 전해진다.

백도 매바위

1978년, 학술조사가 이루어졌고 상백도에는 태양열 무인 등대가 세워졌다. 1979년에는 대한민국 명

승 제7호로 지정되어 그 가치가 공인되었다. 이제는 거문도에서 출발하는 유람선을 타면 누구나 백도의 비경을 직접 볼 수 있다.

그러나 풍경이 늘 평온하기만 했던 것은 아니다. 백도 인근 바다는 예부터 조기·갈치·농어가 풍부한 황금어장이었다. 수많은 어선이 몰려들었고, 바다는 사람들의 생계 터전이었다. 하지만 무분별한 조업으로 연근해 어선의 3분의 1 이상이 감척되었고, 저인망 어선도 절반 가까이가 줄어들었다. 바다를 지키려는 정책이었지만, 어민들에게는 삶의 터전을 잃는 일이기도 했다.

조업이 줄자 바다는 잠시 숨을 고르는 듯했지만, 바다 밑은 달라졌다. 저인망 어선이 사라진 해저에는 침전물이 쌓이고 바닥이 단단해졌다. 일부 해역에서는 어패류 폐사 현상도 보고되었다. 바다 생태계는 단순한 계산처럼 회복되지 않았다. 일본은 조업 시기와 어선 규모, 어구 사용을 법령으로 관리하며 바다를 제도권 안에 두었지만, 우리는 아직 균형점을 찾지 못했다. 어민들의 삶과 생태 보전, 두 가지 과제를 함께 풀어내야 한다는 숙제가 남아 있다.

여수에는 마치 '농가 12월령가'처럼, 열두 달을 상징하는 열두 마리 거북 형상이 명당에 앉아 있다. 백도의 거북도 그중 하나다. 바닷물을 마시고 산의 기운을 받아 살아 숨 쉬는 거북은 평범한 섬의 형태가 아니라, 사람들의 기억과 희망이 담긴 상징이다.

4월의 백도는 말없이 바다 위에 떠 있다. 흰빛 바위와 푸른 바다, 그 사이를 잇는 바람의 길 위에서 나는 거북이 아직도 이 섬에 머물고 있음을 느낀다. 자연과 사람, 전설과 생계가 뒤엉킨 자리에서, 백도는 오늘도 묵묵히 바다 위를 지키고 있다.

# 백도의 거북

거문도 바다 건너
칠십 리 물길 끝,
하늘과 바다가 맞닿은 곳.

상백도와 하백도,
기암괴석 줄지어 서고
기묘한 봉우리 아흔아홉 솟는다.

바람은 에메랄드빛 물결을 스치고
절벽마다 시간의 흔적이 겹겹이 쌓인다.

아, 천혜의 섬 백도.

그 품에 잠든 거북 하나,

삼도를 향해 오늘도 묵묵히 바다를 건넌다.

# 5월, 거북이 머문 자리
# 신풍 구암바위 이야기

   여수 율촌면 신풍리. 평지, 간지, 넘어 세 마을을 아울러 사람들은 이곳을 '구암마을'이라 부른다. 마을 이름처럼, 이곳에는 거북의 형상을 닮은 바위 하나가 바닷가를 바라보며 오래도록 앉아 있다. 간지동 북쪽 해안가. 구암바위다.

   음력 5월 5일, 단오가 되면 마을 사람들은 이 바위 앞에 모여 제를 올린다. 바다는 말이 없고, 바람은 조용히 잎사귀를 흔들 뿐이지만, 그날만큼은 바위도 사람들 곁에 조금 더 가까이 다가오는 듯하다. 구암바위는 마치 거북이가 앞발을 바다에 담근 채,

광양만을 향해 천천히 기어갈 준비를 하는 모습이다. 누군가는 그 거북 덕분에 이 마을에 인물도 많고, 부자도 많이 태어났다고 말한다. 믿음은 어디까지가 진짜고 어디까지가 상상인지 가늠할 수 없지만, 그런 말이 전해질 만큼 바위는 오랫동안 사람들 곁에 있었다.

바닷물은 오가고, 파도는 스쳐가도, 거북은 늘 그 자리에 있었다. 사람들은 바다거북을 오래 사는 생명이라 여긴다. 짠물을 마시면서 묵묵히 살아가는 생명. 달콤한 유혹엔 눈길 한 번 주지 않고, 단단한 등껍질로 바람과 시간을 견디며 천천히 앞으로 나아가는 존재라 여긴다. 어쩌면 우리는 그런 거북의 삶을 동경해온 건 아닐까?

마을엔 전설 하나가 전해진다. 아주 오래전, 바다에서 천년 묵은 거북 한 마리가 등 위에 흙을 이고 바닷가로 올라왔다. 모래밭에 엎드린 그 거북은 죽은 듯 움직이지 않았는데 마침 한 가난한 농부가 아버지 묘를 쓸 곳이 없어 흙이 볼록한 그 거북 등에다 묘를 썼다. 세월이 지나 성묘하러 간 농부는, 무언가 달라진 풍경 앞에 잠시 멈춰 섰다. 묘는 바위로 변해 있었고, 그 아래에서는 붉은 물줄기가 솟아나고 있었다고 한다.

신풍 구암 바위

사람들은 이 바위를 해를 점치고 복을 기원하는 상징으로 여겼고, 그 이후 마을의 이름도 '구암(龜岩)'이라 불리게 되었다. 구암마을은 고려 공민왕 시대 차 씨 일족의 집성촌이기도 했다. 문절공 차원부의 교지, '공유사목판'이라는 유물도 전해진다. 북쪽으로는 소룡단이라는 마을이 이어지는데, 한자로 웃을 소(笑), 용 용(龍)을 써서 '웃는 용'이라는 뜻을 지닌 마을이다. 이름 하나에도 웃음과 생명이 함께 깃들어 있다.

단오는 마을의 큰 날이다. 모내기가 끝난 뒤, 마을 사람들은 바위 앞에 모였다. 수리치와 쑥을 따서 떡을 빚고, 창포 삶은 물로 머리를 감았다. 풍년을 기원하며, 한 해의 안녕을 빌었다. 구암바위에 앉으면 조상 묘를 잘 다녀올 수 있다는 말도 있었고, 바위 밑에 모래가 많이 쌓이고 잔디가 무성하면 풍년이 든다는 믿음도 있었다. 바위 위에 앉아 서로 부채를 나누기도 했다. 평지 마을 사람들과 부채를 바꾸며 건강을 빌고, 행운을 나눴다. 무더운 여름밤이면, 주변에 모기가 없어 구암바위는 마을 사람들의 평상이었다. 평평하고 넓은 바위에 누워 밤하늘을 올려다보며, 사람들은 그렇게 여름을 견뎠다.

시간이 흐르고 율촌산업단지가 들어서면서 바다 일부는 육지가 되었다. 1911년, 한센병 치료를 위해 설립된 '애양원'이 이곳에 자리를 잡았고, 그와 함께 도성마을이 생겨났다. 바위 그늘에 시원하게 눈을 붙이고, 새하얀 밀가루보다 부드러운 백사장에서 맘껏 뒹굴 던 그 시절의 바다는 놀이터이자 쉼터였고, 갯벌은 마을 사람들의 식량 창고이자 생업의 터전이었다. 구암과 학서 마을 앞 드넓은 갯벌은 바지락과 꼬막, 모시조개가 가득했다. 지금은 여천공업단지(현 여수국가산업단지), 호남정유(현 GS칼텍스) 공장이 들어서고, 쥐포 공장이 생기면서 갱본 갯벌의 모습이 사라지고, 삶터도 천천히 사라졌다. 다큐멘터리 영화 '수라' 속 대사 하나가 떠오른다. "너무 아름다운 것을 봤다는 것, 그것이 죄라면 죄다." 영화를 본 어느 기자는, 그 한마디에 갱본 바다와 구암마을의 잃어버린 풍경이 겹쳐졌다고 썼다. 그리고 그렇게, 한 마을이 통째로 지도에서 사라졌다.

지금 이곳에는 손양원 목사가 설립한 애양원 교회가 있다. 두 아들과 함께 순교한 그는 이곳에 묻혀 있으며, 순교기념관과 역사관이 마을을 지키고 있다.

마을 사람들은 구암바위는 그저 하나의 바위가 아니라, 여수 땅이 품은 오래된 마음이라고 말한다. 바위는 오늘도 그 자리에 앉아 바람과 물결, 지나간 이야기들을 껴안은 채, 말없이 그 자리를 지키고 있다.

# 구암 향기

평지, 간지, 넘지
세 부락 구암에 스민 향기에 취해

갯가에 우뚝 선 구암바위는
앞발을 물빛에 적시며
광양만을 향해 천천히 몸을 일으킨다.

세월이 내려앉은 단옷날,
갯벌 위로 석양이 스며들고
구암의 땅 기운을 받아
남도의 인걸(人傑)이 솟아난다.

# 6월,
# 조발도에 내려앉은 거북의 등

'조발도(早發島)' 햇살이 먼저 도착한 섬. 해가 일찍 떠 섬 전체를 가장 먼저 밝힌다고 하여, 아침 조(早), 떠날 발(發) 자를 써 조발도라 불린다. 화양면 이목에서 벌가마을을 지나 둔병도를 지나면, 적금도로 이어지는 길목에 있다. 그 길 위 작은 섬, 조발도는 높은 산도, 넓은 들도 없이 말 등처럼 경사진 땅으로 이루어져 있다. 그래서일까, 이웃들은 이곳을 '삐뚤이 동네'라 부르기도 한다.

오래전, 이 섬에 살던 홍 씨 성을 가진 선장이 있었다. 6월 보름날, 그는 고기를 잡으러 바다로 나섰

다가 거센 풍랑을 만났다. 배는 뒤집히고, 정신을 잃은 그를, 마을 사람들은 다시는 볼 수 없으리라 여겼다.

하지만, 거북은 알고 있었다. 거센 물살 속에서 나타난 큰 거북 한 마리가, 의식을 잃은 홍 선장을 등에 업고 조용히 조발도 모래밭으로 데려다 놓았다. 석양이 바다를 물들이고 있었고, 거북이 멀리 사라질 무렵, 선장의 목에는 빛나는 진주 한 알이 걸려 있었다고 한다. 노을빛 속, 그 진주는 유난히도 환하게 반짝인다.

이 이야기 이후, 마을 사람들은 거북은 바다의 수호자이자 은혜를 베푸는 존재로 여겼다. 조발도 언덕 위 당집에는 지금도 거북의 기운을 모신 위패가 놓여 있다. 정월 대보름, 사람들은 당산제에서 거북을 기억하며 기도하고, 제비를 뽑아 당첨된 이는 한 해 고기를 먹지 않고, 슬픔이나 다툼이 있는 자리를 피해 조용한 삶을 살아야 했다. 삶에 잠시 선을 긋고, 자연에 대한 감사와 절제를 지키는 것이었다.

섬의 풍경도 참 소박하다. 좁은 골목, 경사진 언덕 사이로 집들이 오밀조밀 모여 있고, 보리가 익는 계절이면 들과 산에는 나물이 지천이다. 고구마, 콩, 마늘, 무, 그리고 황금이라 불리는 약초들이 사람 손을 기다린다. 소규모 생산체계와 원시농법이 지금도 유지되고 있고, 바다는 여전히 마을의 생계를 품은 터전이다.

조발도 주변의 섬들도 각자 이야기를 품고 있다. 솔개처럼 날개 펼친 '솔개섬', 그 아래 웃닭섬까지 이어지는 해저엔 산호초가 깔려 있고, 명주실 꾸리 하나쯤은 들어간다는 등선굴이 있다. 사람들은 지금도 그 굴속에 '금거북'이 산다고 믿는다. 홍 선장을 데려다주고 사라진 바로 그 거북이, 어쩌면 지금도 바위틈 어딘가에서 조용히 이 마을을 지켜보고 있을지 모른다.

조발도는 고흥반도에서 불과 2.5km 거리. 낭도, 적금도, 둔병도, 사도, 추도 등으로 이어지는 섬들의 길목에 있다. 요막 산에는 이순신 장군이 직접 세웠다고 전해지는 봉화대도 남아 있다. 정기여객선이 사라진 지금은 이목리 벌가 포구에서 도선을 타고 오갈 수 있었다. 그런데 요즘 섬과 섬, 육지와 섬을 잇는 연륙교가 생기며 조발도는 더 먼 바다가 아닌 육지가 되었다. 국도 77호선, 총 17km에 이르는 '백리 섬섬 길'은 화양면에서 시작해 조발도, 둔병도, 낭도, 적금도, 팔영대교를 지나 고흥까지 닿는다. 다리 - 섬 - 다리 - 섬이 이어진 길 위에 햇살이 퍼지면, 은빛 물결이 바다 위에 보석처럼 반짝인다.

햇빛이 파도 위에 쏟아지는 찰나의 찬란함은 잠시 머물다 이내 흘러간다. 바다는 그 빛을 품은 채, 묵연히 먼 길을 간다. 조발도! 전설과 일상이 함께 숨 쉬는 섬. 거북이 내려앉은 모래밭에는 오랜 시간의 흔적이 깃들어 있고, 등선굴 속 어둠에는 눈에 보이지 않는 시간이 고요히 쌓여 묵묵히 마을을 감싸 안고 있다.

## 조발도에 내리는 빛

조발도에 아침이 붉게 피어오르면
햇살이 섬을 쓰다듬고

해 질 녘, 섬에 걸린 노을은
한 폭의 수채화처럼 번져 간다.

산호초에 깃든 거북,
풍파에 흩어진 생명까지
노을 아래 은빛으로 반짝이며

수릿날, 학의 울음 고요히 스며들고

육지와 섬을 잇는 연륙교는

먼바다가 아닌 사람들의 길이 되었다.

# 7월,
## 거문고 별 아래 거북이 머무는 섬 백야도 이야기

먼저 눈에 들어오는 건 드넓은 바다와 그 위로 번지는 빛, 곧이어 귀를 적시는 건 파도와 바람의 소리다. 그 모든 풍경의 중심에, 여수 화정면의 백야도가 있다. 이 섬은 해가 길어진 7월, 유난히 하늘이 높고 별이 밝다. 백야도라는 이름에는 빛이 깃들어 있다. 산 정상에 흰 돌이 모여 백호(白虎)라 불리다가, 연꽃처럼 부드럽게 부풀어 오른 산봉우리가 흰 꽃 같아 백화봉, 그리고 오늘의 백야도로 이어졌다.

임진왜란을 피해 들어온 창원 황씨가 정착하며 마을이 형성되었다고 한다. 섬에서는 말을 기르고,

그 훈련에는 거문고 소리가 쓰였다는 전설도 남아 있다. 그 고요한 현악의 떨림이 바다를 타고 멀리 퍼져나갔을까. 7월 칠석이면, 남해안의 거북들이 백야도의 몽돌밭에 올라 등껍질을 말리고는 흔적도 없이 사라졌다고 한다. 거문고와 거북, 두 이야기는 백야도의 전설 속에서 하나의 별자리가 되어 남았다.

 칠석날, 오작교가 놓이는 밤이면 거북의 등껍질로 만든 거문고가 별빛 아래 울렸다는 전해도 있다. 1년에 단 하루, 견우와 직녀가 은하수를 건너 만나는 것처럼, 하늘과 바다의 경계가 허물어지는 순간이다. 그래서 거북의 등은 하늘처럼 둥글고, 배는 땅처럼 평평하다 하여 우주의 축도라 했다. 거북을 잡지 않고 바다로 돌려보내던 풍습은 미신이 아니라 생명과 순환에 대한 오래된 존중이었다.

 밤하늘을 올려다보면, 여름과 가을 사이 은하수를 따라 거문고자리(리라자리)가 반짝인다. 평행사변형을 이루는 별들의 틈, 한 점 밝은 별이 여름밤의 주인공처럼 빛난다. 거문고자리 한가운데에서 유성이 흐를 때, 사람들은 '거북이 별이 되어 하늘로 헤엄쳐 갔다'라고 말한다.

백야마을 사람들은 지금도 음력 7월 7일, 칠석이 되면 당제를 지낸다. 옛날엔 샘의 물을 모두 퍼내고, 남자들이 몸을 씻고 제를 올렸고 임신한 여인은 마을을 피해 있어야 했고, 동네의 불순한 기운은 멀리해야 했다. 그 엄숙한 전통에는 공동체를 지키려는 조심스러운 마음이 있었다.

백야도에는 마을의 삶을 기억하는 빨래터가 지금도 있다. 1970년대 상수도가 들어오기 전, 이곳은 아낙들이 하루를 털어놓던 자리였다. 지금은 주민들의 손으로 복원되어, 조상들의 손길과 웃음소리를 고요히 되살리는 쉼터가 되었다.

거북의 전설이 깃든 이 섬엔, 수많은 변화의 물결도 함께 닿았다. 백야대교가 놓이며 섬은 육지와 연결되었고, 1928년부터 밤바다를 밝히던 유인 등대는 이제 무인으로 조용히 불을 밝히고 있다. 비렁길과 백야봉, 백야등대는 여전히 백야도를 찾는 이들의 발길을 붙잡는다. 하얗게 부서지는 파도와 검은 해송 그림자, 잔잔한 여자만의 바다는 이곳 풍경의 근본이다.

백야도는 여수의 열두 거북 가운데 하나로, 흙과 물의 기운이 어우러진 좋은 땅이라 했다. 그중에서도 7월의 거북은 별과 연결되어 있다. 등껍질을 말리던 몽돌밭 위에, 지금도 그 기운이 머물러 있다고 마을 사람들은 믿는다.

등대 앞 바위에는 '백야도의 거북'이 앉아 있다. 그러나 최근, 그 풍경을 가로막는 군사 시설이 들어섰다. '군사시설'이라는 말 아래, 설명도 없이 세워진 벽은 무언가를 지우려는 듯 서 있다. 관광객들은 의아해하고, 마을 사람들은 말없이 바라본다.

백야도는 힐링의 섬으로 알려져 있다. 여수와 고흥을 잇는 연륙교가 열리고, 관광객들이 점점 늘어

났고, 연륙교는 아치형의 아름다운 곡선으로 바다 위를 날아가듯 놓여 있다. 그러나 이 섬의 진짜 아름다움은 하얀 다리나 등대의 불빛만이 아니다. 기억이 머무는 자리, 등껍질을 말리던 거북도, 거문고 소리를 듣던 바람도, 모두 이 섬의 시간 안에 조용히 녹아 있다.

바다는 말이 없다. 그 위를 걷는 사람들의 마음속에는 여전히 이야기가 흐른다. 백야도의 밤은 그렇게 조용히 깊어간다. 별빛처럼 잊히지 않는 전설 하나, 여름의 칠석날을 기다리고 있다.

# 백야도의 별

파도는 말발굽처럼 울리고,
섬은 오래된 거문고를 품는다.

밤하늘, 별빛은 현이 되어
몽돌밭 위에 거북의 등을 켜고

칠월 칠석, 오작교가 놓이는 순간
은하수로 이어진다.

하얀 다리 바람 위로 걸어가며
섬과 육지를 한 몸으로 묶어주고,

등대의 불빛은

검은 바다 위 황금빛 심장으로 남아 있다.

# 8월,
# 거문도 거북 축제 이야기

　전라남도 여수시 삼산면에 자리한 거문도는 여수와 제주 사이, 남해 위의 신비로운 섬이다. 고도, 동도, 서도 세 섬이 서로 등을 맞대고 있는 이곳은 12㎢의 면적과 43km의 해안선을 품고 있으며, 2024년 기준 약 440여 명의 주민이 살아가고 있다.

　늦여름 바람이 서늘해지면, 섬은 전설처럼 오래된 이야기를 꺼내놓는다. 1885년, 구한말의 어느 날. 사람 한 명 없던 고도에 영국군이 들어와 진지를 세우고 바다를 군사기지와 어업의 전초기지로 삼았다. 그 틈새로 일본인 몇몇이 섬으로 흘러들었고, 곧 동도와 서도의 어민들까지 이주해와 오늘의 거문리가 뿌리내렸다.

시간이 흘러 1930년대, 수백 척의 배가 오가며 섬은 번성한 항구가 되었고 주점과 유곽, 위락시설의 흔적은 아직도 섬 구석구석에 그림자처럼 남아 있다.

거문도의 밤에는 한여름의 전설이 깃들어 있다. 늦여름 어느 날, 상처 입은 거북 한 마리가 서도리 바위 해변으로 밀려왔다. 사람들이 그 거북을 잡아먹은 뒤, 풍요롭던 어장은 차츰 메말라 갔다고 한다. 그러던 어느 날, 덕촌의 한 어부가 바닷가에서 떠다니는 돌 하나를 발견했다. 신기하게도 물에 던질 때마다 그 돌은 자꾸 어부를 따라왔다. 놀란 그는 돌을 집 앞 해변에 모셔두었다. 그날 밤, 꿈에 백발의 노인이 자신을 남해 용왕이라 밝히며 말했다.

"내 아들을 돌로 보내니 잘 섬기면 복이 있을 것이다."

그 후 돌은 마을의 수호신이 되었고, 사람들은 매

년 8월이면 거북과 용왕을 기리는 축제를 열었다.

이 섬에는 천혜의 풍경과 함께 사람들의 믿음이 깃든 전설이 숨 쉰다. 청정한 남해의 물길 따라, 백도의 거북이 봄을 타고 삼도 쪽으로 헤엄쳐와 거문도를 지킨다는 이야기가 전해진다. 예로부터 거문도는 인재와 부자가 많이 태어나는 길지로 여겨졌다. 조선 역시 이곳의 지리적 중요성을 인식해 1888년 거문 진을 설치했지만, 갑오개혁 이후 그 진은 역사 속으로 사라졌다.

거문도

1905년 세워진 거문도 등대.

우리나라 최초이자 최남단의 등대로, 40km 너머까지 빛을 던지며 밤바다를 지켜왔다. 아침이면 짙은 해무 속에 희미한 그림자처럼 서 있다가, 밤이면 한 점 불빛이 되어 돌아와 길 잃은 배들의 항로를 밝혀준다. 고도와 서도, 동도를 잇는 삼호교(1991년)와 거문대교(2015년)가 놓이면서 섬 사이의 길은 훨씬 가까워졌다. 지금은 마을버스가 다리 위를 건너며 관광객들의 발길을 안내한다.

거문도는 전라남도 무형문화재 1호, '거문도 뱃노래'의 고향이다. 어부들의 노랫소리는 파도에 실려 멀리멀리 흘러가며 삶과 염원을 전한다. 초등학교 음악 교과서에도 실려 아이들의 입술 위에서도 다시 살아난다. 섬의 이름에는 두 가지 이야기가 깃들어 있다. 옛날 청나라의 정여창이 이곳을 찾아 필담을 나눈 뒤, 작은 섬에 학문이 뛰어난 이가 많다 하여 '거문(巨文)'이라 불렀다는 설이고 또 하나는 숲이 짙어 멀리서 섬이 검게 보이자 '검은'을 표기한 것이라는 설이다. 지금 여수시는 전자의 이야기를 섬의 공식 유래로 전하고 있다.

거문도 뱃노래

거문도는 여수의 열두 거북 가운데 하나로 흙과 물의 기운이 모여 생명의 터전을 이루었다. 해풍을 머금은 쑥과 은빛 갈치, 삼치까지 바다가 내어주는 산물은 풍성하다. 그 덕분에 섬의 축제는 해마다 이어지지만, 안개가 잦은 탓에 불꽃놀이는 종종 희미하게 스쳐 간다. 노루섬 정상에는 용왕의 사자인 거북을 기리는 제각이 서 있다.

마을 사람들은 그것을 선조들의 얼과 정신을 잇는 상징으로 삼아, 음력 섣달그믐이면 추 씨 할머니를 수호신으로 모시고 기원제를 올린다. 이 전통은 세월을 거슬러 내려와 고인들의 넋을 위로하고 풍어를 비는 거북 용왕제, 그리고 은빛 갈치 축제로 이어졌다.

오늘도 8월이면 바다와 더불어 살아온 섬사람들의 마음속에 그 의식은 고요히 살아 있다. 여름이 무르익는 8월의 바다, 거문도는 잠시 숨을 고르듯 고요하다.

전설과 풍경이 겹겹이 얽혀 있는 이 섬에서는 세월마저 비켜 흐르는 듯하다. 허물어져 가는 돌담과 오래된 항구, 파도 위를 스치는 노랫가락, 그리고 그 모든 것을 품은 거북의 섬. 지금, 이 순간에도 거문도의 바다는 말없이 모든 이야기를 받아 안고 있다.

# 거문도

안개에 젖은 섬,
삼도는 바람을 품고
조용히 숨을 고르면

등대 불빛 하나
어둠 속에 서서
작은 별이 된다.

갈치 떼 몰려와
은빛 물결 위에
바다를 적시고

뱃노래 한 줄기

물결 끝에 매달려

밤을 흔든다.

# 9월,
# 금오도(金鰲島) 황금거북 이야기

9월의 남쪽 바다는 여름의 뜨거움을 천천히 내려놓고 있다. 햇살은 부드럽게 빛나고, 바람은 얇아진 옷자락처럼 가볍게 스친다. 여수 남쪽 끝, 다도해의 물결 위에 떠 있는 금오도(金鰲島)는 계절의 첫 변화를 가장 먼저 품어 안는 섬이다.

금오도는 여수시 남면에 속한다. 넓이 27㎢, 해안선 길이 64.5km. 숫자로 기록되는 크기보다 중요한 건, 이 섬이 만들어내는 풍경의 결이다. 돌산 금오산의 향일암, 남해 금산의 보리암, 그리고 무인도 세존도를 삼각형으로 잇는 자리에 금오도가 있다. 동쪽으로는 안도, 북서쪽으로는 개도, 남쪽으로는 연도. 서른 개가 넘는 섬들이 함께 어깨를 맞대어 다도해 해상국립공원의 한복판을 이룬다.

섬을 처음 마주하는 이들은 그 형상이 커다란 거북을 닮아 종종 놀란다. 중앙에 빽빽하게 들어선 숲은 단단한 등껍질 같고, 남쪽의 망산과 대부산은 머리와 꼬리처럼 양 끝을 지킨다. 두모리 해송 숲과 굽이진 해안선은 거북의 등에 새겨진 무늬처럼 신비로운 리듬을 만들어 낸다.

섬은 오래전 '거무섬'이라 불렸다. 짙은 숲과 검은 해변이 멀리서 보면 먹물을 풀어놓은 듯 어둡게 보였기 때문이다. 하지만 아침 햇살이 바다를 금빛으로 물들이면 거북 모양의 섬은 문득 빛나는 존재가 된다. 그 순간 섬은 자신의 형상과 풍경을 따라 이름을 얻는다. 금빛의 '금(金)'과 바다거북 '오(鰲)'. 금오도, 황금거북의 섬이라 불리게 된 까닭이다.

이 섬에는 오래된 이야기가 많다. 그중 가장 널리

전해지는 설화는 후백제 시절로 거슬러 올라간다. 김총 장군이 총명한 아들을 외세의 눈을 피해 금오도의 천년 동굴에 숨겼다는 이야기인데 그 아이는 황금거북의 마법에 걸려 지금도 그곳에서 깊이 잠들어 있다고 한다.

해마다 9월, 보름달이 환히 뜨는 밤이면 황금거북은 은어공주와 함께 동굴을 나와 섬의 바다를 유영한다고 전해진다. 그 이야기가 사실인지 묻는 이도 있다. 하지만 금오도 사람들에게는 진실 여부가 그리 중요하지 않다. 이야기는 섬을 살아 있는 존재처럼 느끼게 하고, 세월을 견디는 힘이 된다. 누군가는 파도가 이상하게 반짝이는 걸 보고 "오늘은 거북이 움직였나 보다" 속삭이고, 누군가는 달빛이 유난히 밝은 밤 동굴 앞에서 가만히 바다를 바라본다. 설화는 섬 전체를 하나의 커다란 이야기책으로 만든다.

중심 마을 우학리를 비롯해 직포, 모하, 두포의 이

름에도 전설의 숨결이 배어 있다. 하늘에서 내려온 선녀들, 그중 한 선녀는 다시 오르지 못하고 인간과 인연을 맺었다. 그녀가 머물던 곳이 우학리다. 직포는 베를 짜던 자리, 모하는 누에를 키우던 마을, 두포는 곡식을 나누던 마당에서 비롯되었다. 이름은 그저 지명이 아니다. 삶의 흔적이고, 기억을 붙잡는 구조물이 되어 오늘에 이르고 있다.

금오도는 비렁길로 유명하다. 절벽 끝자락을 따라 이어지는 길은 안도대교로 닿고, 거친 파도의 절벽과 태평한 바다가 동시에 펼쳐진다. 이름 없는 샘과 아홉 골짜기, 함구미와 용두암은 섬 전체를 신화 속 장면처럼 만든다. 섬 끝 용두리는 용의 머리를 닮았고, 그 아래 해저동굴은 밀물에 잠겼다가 썰물에 드러나는 비밀의 장소로 남아 있다.

이 섬은 여수 12거북 가운데서도 황금의 기운을 품은 땅으로 불린다. 거북과 물이 만나는 자리는 소금처럼 재물을 만들고, 황금거북이 보물선을 지킨다고 하여 그 보물은 아직도 세상에 드러나지 않았다. 주민들은 지금도 선조들의 뜻을 잇는다. 황금 거북 앞에서 마을의 안녕과 풍어를 기원하는 의식, 그 전통은 오늘도 이어진다.

이곳 바다는 풍요롭다. 멸치와 장어, 삼치, 감성돔이 잡히고 김과 미역 양식도 활발하다. 땅은 척박하지만, 고구마와 방풍나물, 취나물이 자란다. 섬의 교육은 여남초, 여남중고, 여안초가 맡고 있으며 돌산 신기와 여천항 사이에는 차도 선이, 또 정기 여객선이 사람들의 발길을 이어준다.

금오도를 중심으로 이어진 이웃 섬들은 금오열도의 이야기를 더욱 풍성하게 만든다. 안도는 다리가 놓이며 관광객의 발길이 이어졌고, 안도는 해수욕장 대신 낚시 명소로 이름났다. 이 섬들과의 연결은 금오도를 중심으로 엮인 해상 네트워크, 다도해의 생태와 문화가 어우러지는 무대가 된다. 사람들은 이곳을 다도해 해상국립공원의 보석이라 부른다.

느림의 미학을 품은 생태 트레킹을 즐기기 위해 섬을 찾는 이들도 많다. 바람과 파도가 빚어낸 기암괴석은 거북의 등껍질처럼 단단하고, 황금거북이 오늘도 열도의 풍경을 지키고 있다는 믿음은 섬사람들의 마음속 깊이 이어진다.

# 황금거북의 섬

열린 하늘 햇살이
금오도로 번져
황금빛에 물든다.

비렁길과 해저동굴,
자라 한 마리 깨어나
물결 따라 제 섬을 향한다.

대부산 몬당 길 위,
바람과 파도 닿은 빛이
노을빛을 어깨에 얹고 지나가니

절벽 아래 물빛은

파도에 깎이고 또 다듬여

유리처럼 맑게 빛난다.

# 10월,
## 자산 금거북 이야기

한려수도의 끝자락에 자리한 자산공원. 멀리서 보면 능선이 굽이치며 바다로 내려앉고, 남해와 오동도를 향해 고개를 내민 듯 서 있다. 이곳은 여수 시민들에게는 쉼터이자, 이순신 장군의 정신이 살아 있는 호국의 공간이다. 공원 한가운데에는 이순신 장군의 동상이 굳건히 서서 바다를 바라보고 있고, 곁에는 충혼탑과 위령탑이 함께 자리한다. 6·25 전쟁과 월남전에 참전한 3,982위 유공자의 이름이 새겨진 현충탑, 임진왜란 당시 순직한 수군의 위령탑이 서 있다. 또 한쪽에는 여수·순천 사건으로 희생된 80위 경찰관 충혼탑도 있는데, 이 탑들은 지역이 겪은 아픔의 역사를 조용히 증언한다. 그 앞에 서면 발걸음이 절로 느려지고, 지금 누리는 평온이 얼마나 값진 것인지 마음 깊이 새겨진다. 자산은 거북의 능선처럼 든든히 버티며, 세월의 무게와 바다의 기억을 함께 안고 있다.

사람들은 오래전부터 자산의 능선을 거북의 형상으로 바라보며 그 안에 전설을 불어넣었다. 전해오는 이야기에 따르면, 자산의 거북은 여수의 또 다른 거북, 오동도 거북에게 보물을 전했다고 한다. 청정한 물과 바다, 자산이 품은 땅의 기운은 재물복과 이어져 여수를 지켜주는 수호의 존재로 여겨졌다. 아침이면 동산 위쪽으로 해가 떠오르고, 산빛은 자줏빛 물결처럼 번져간다. 그 빛으로 인해 '자산'이라는 이름이 붙었다고도 한다.

지금 자산은 전설이 깃든 언덕을 넘어 시민들의 일상 속 쉼터가 되었다. 공원 정상에 서면 눈앞이 환히 열린다. 바다 위로 뻗은 이순신대교와 해상 케이블카가 시야에 들어오고, 날씨가 맑을 때는 한려해상국립공원과 여수항, 장군도, 돌산대교까지 한눈에 펼쳐진다.

여수의 바다와 도시 풍경은 이곳에서 한 폭의 그림처럼 겹겹이 드러난다. 공원 아래에는 곤충 전시관 '빠삐용관'이 있어 아이들과 함께 들르면 또 다른 즐거움을 얻을 수 있다.

자산은 휴식 공간을 넘어 여수의 정체성과 역사가

오롯이 녹아든 자리다. 2012년 세계박람회가 열렸던 도시, 여수. 이곳은 한려수도의 시작점이자 전라좌수영의 본영으로, 이순신 장군이 거북선을 건조하고 발진 기지로 삼았던 구국의 현장이기도 하다. 지금은 진남관과 종포 해양공원, 군자동 골목 일대가 역사 체험 공간으로 조성되어, 난중일기를 중심으로 한 이야기가 관광객의 발길을 이끌고 있다.

한때 자산 아래 종화동 해양공원에는 하멜기념관을 세우려는 움직임이 있었다. 그러나 지역 정체성과 맞지 않는다는 비판이 이어졌고, 결국 여수는 이충무공의 역사와 호국정신을 중심으로 공원을 정비하며 스스로의 고유성을 지켜냈다. 지금 해양공원은 방파제 공사를 거쳐 산책로와 낭만포차 거리, 버스킹 공연장이 들어선 시민들의 공간이 되었다. 매년 수많은 사람이 이곳을 찾아와, 여수의 밤바다를 맛과 노래로 기억한다. 210m 구간에 늘어선 17개의 포장마차에서는 그 낭만을 입안 가득 느

낄 수 있다.

자산공원과 돌산을 잇는 돌산 2대교는 길이 744m, 주탑 높이 90m의 연륙교다. 2012년 개통 이후 여수의 새로운 관문이 되었고, 다리 위에 서면 남해가 시원하게 열리며 바람은 늘 세차게 불어온다.

자산공원의 역사는 1960년대로 거슬러 올라간다. 그 무렵 여수에는 시민들을 위한 자연공원이 없었고, 시 최초의 도시자연공원으로 자산이 조성되었다. 팔각정이 세워지면서 사람들의 발길이 하나둘 모였다. 더 거슬러 올라가면, 일제강점기에는 이곳이 요새지로 활용되었다. 해방 이후에는 충무공 탄신일을 기념해 1967년 국내 최대 규모의 이순신 장군 동상이 세워졌고, 1998년에는 일출정이 들어섰다. 2007년에는 여수해상교통관제센터가 문을 열었고, 정상에는 전망대가 세워져 여수항과 오동도, 한려수도, 돌산대교까지 한눈에 내려다볼 수 있게 되었다.

자산은 여수의 역사와 현재, 그리고 미래를 비추는 거울이다. 진산의 언덕에서 마주하는 해돋이와 해넘이는 풍경을 넘어 기억된다. 시대를 지나 이어져 온 정신과 자연의 숨결이 오늘도 이곳에서 조용히 전해진다. 오동도 앞바다를 바라보며 앉아 있는 금거북의 모습은, 여수를 지키는 수호신처럼 변함없이 그 자리를 지키고 있다.

# 자산

태고의 하늘신이 숨 쉬던 날,
산맥은 바다를 향해 길을 내고
끝자락에 북 봉이 솟았다.

아, 자산.
금빛 언덕 등줄기마다
묻혀 있는 영혼들.

남해를 향한 거북의 자태는
오늘도 고요히 숨 쉬는데,
그 모습은 갈매기의 눈에만 보인다.

# 11월,
## 오동도에 내려앉은 약속 거북 이야기

    11월의 오동도에는 바람이 차갑게 스며들고, 숲속 동백은 서서히 붉은빛을 품기 시작한다. 낮에는 잔잔해 보이던 파도도 밤이 되면 깊고 선명한 소리를 내며 섬을 감싼다. 그 소리 속에서 옛날부터 전해 내려오는 약속의 이야기가 살아난다.

    전설은 자산에서 시작된다. 오래전 자산에 살던 토끼가 오동도의 거북을 찾아와 말했다.

    "섬을 구경시켜주면 귀한 보물을 주겠다."

    거북은 그 말을 믿고 토끼를 맞이했다. 바다 너머 풍경과 동백꽃 군락, 용굴의 신비까지 섬의 가장 귀한 것들을 보여주었다. 그러나 구경이 끝나자 토끼는 약속을 저버리고 거북을 속인 채 달아나려 했다.

거북은 배신에 마음이 아팠지만, 토끼를 다시 불러 약속의 무게를 깨닫게 했다. 토끼는 억새밭에 굴러 가죽이 벗겨졌고, 그 벗겨진 몸 위로 하얗게 흔들리던 억새가 훗날 토끼의 털이 되었다고 전한다. 그 과정에서 목청까지 다쳐 더는 말을 하지 못하게 되었고, 뒤늦게 잘못을 깨달은 토끼는 자신이 주기로 했던 보물을 섬에 고이 남겼다. 그때부터 오동도는 재물을 품은 섬, 그리고 무엇보다 '약속의 섬'이라 불리게 되었다.

그래서 오동도의 거북은 신뢰와 인내, 교훈을 간직한 상징으로 여수 앞바다에 남아 있다. 오늘도 섬의 능선은 거북의 자태처럼 앉아 남해를 바라보며 약속의 가치를 조용히 전한다.

섬의 또 다른 상징인 동백꽃도 그 맥을 잇는다. 겨울에도 붉게 피어나는 동백은 절개와 사랑을 뜻하고, 땅에 떨어져도 다시 피어난다고 믿는다. 사람들은 그 꽃에서 약속을 지키는 끈질긴 힘을 떠올린다. 시누대와 상록수로 우거진 숲, 밤마다 빛을 밝히는 등대, 그리고 용이 바위틈을 드나들었다는 전설까지도 결국은 '섬을 지켜온 약속'으로 읽힌다.

오동도

역사 또한 이 이야기를 이어준다. 조선 시대 이순신 장군은 오동도의 시누대를 꺾어 화살을 만들었고, 고려 시대 봉황이 날아들자 새 왕의 등장을 예고한다는 징조가 두려워 오동나무를 베어냈다는 전설도 전해진다. 나무는 사라졌지만, 그 자리에는 동백과 시누대가 숲을 이루며 세월의 약속을 이어가고 있다. 그리고 또 하나의 이야기가 남아 있다. 오동도에 살던 어부의 아내가 침입자에게 쫓기다 절벽에서 몸을 던졌고, 그 자리에 동백이 피어났다. 사람들은 그 꽃을 보며 순정과 슬픔, 그리고 지켜내지 못한 약속을 떠올렸다.

이렇듯 오동도는 약속의 섬이다. 기암절벽과 동백숲, 시누대와 해풍, 그리고 묵묵히 바다를 바라보는 거북의 형상까지 모두 그 사실을 증언한다. 오늘도 거북은 조용히 속삭인다.

"약속은 지켜져야 하고, 믿음은 풍요로 이어진다."

그 목소리는 바람을 타고 파도에 실려 사람들의 가슴에 닿는다. 오동도의 전설은 낡지 않는다. 동백이 해마다 새로 피어나듯, 약속이라는 말의 무게도 다시금 우리의 마음속에 되살아난다.

# 오동도의 약속

종고산 끝자락에서
달빛은 파도를 넘어와
오동도의 죽도(竹島)를 감싼다.

동백꽃은 어둠 속에서도 붉게 피고
신우대는 바람에 몸을 흔들며
오래된 약속을 기억한다.

능선은 바다를 향해 누워
천천히 숨 쉬는 듯,
조용히 말을 건넨다.

약속은 잊히지 않는다.
시간이 흘러도
다시 꽃처럼 피어난다.

# 12월
## 삼일면 낙포 제석산 선달 거북등 이야기

    삼일면 낙포. 남해의 바다와 하늘, 그리고 산이 만나는 자리에 제석산이 있다. 해발 336.4m의 봉우리는 바다를 향해 고개를 내민 거북의 형상으로, 함구미 마을 앞에 앉아 있다. 마을이 그 거북의 앞부리 같은 자리에 놓여 있으니, 풍경은 더욱 생생하다. 거북의 등줄기를 닮은 층층의 바위에는 세월이 켜켜이 쌓여 있고, 바위틈 사이로는 맑은 물길이 쉼없이 흘러내린다. 그 물길은 마을 사람들의 삶을 적셔왔고, 기근의 해에도, 풍년의 해에도 같은 자리에 있었다.

해마다 섣달그믐이 되면 제석산 아랫마을에는 북소리와 피리 소리가 울려 퍼졌다. 풍악은 차가운 겨울밤 공기를 흔들었고, 아이들은 불빛을 따라 달리며 웃음을 터뜨렸다. 어른들은 정성껏 음식을 차려 올리고, 산을 향해 절을 하며 새해의 평안과 풍어를 빌었다. 거북등에 울려 퍼진 풍악은 한 해의 마침표이자, 다가올 시간에 대한 약속이었다.

제석산의 이름에도 이야기가 담겨 있다. 부처를 상징하는 '제(帝)'와 제사를 뜻하는 '제(祭)'. 산자락에 미륵탑처럼 쌓인 돌과 석굴은 기원의 장소였다. 특히 '호랑이굴'이라 불리는 석굴 위에는 부처의 형상을 닮은 돌들이 널려 있었는데, 마을의 원로가 세상을 떠나면 그 돌이 하나씩 떨어졌다는 전설도 전해진다.

낙포는 단지 자연의 터전이 아니었다. 고려의 충신 공은 선생이 유배되어 머물렀고, 그의 죽음을 애도하듯 학 두 마리가 하늘을 맴돌다 떨어졌다는 이야기에서 '삼일포'라는 이름도 얻었다. 삼국시대에는 백제와 일본을 잇는 항로였고, 섬진강 하구와 바다가 만나는 이곳은 생명력이 넘치는 어장이었다. 임진왜란 시기에는 조선 수군의 방어선이 되었고, 배무시는 군선 수리소로 기능했다.

그러나 산업화의 물결은 마을의 운명을 바꾸어 놓았다. 남해화학과 정유기지, 비축기지가 들어서면서 낙포는 공해와 이주의 이름으로 불리게 되었다. 1981년, 수백 년을 이어온 마을은 철거되었고, 사람들의 터전은 흔적만 남았다. 하지만 기억은 지워지지 않았다. 흥국사 계곡 저수지 주변에 망향의 공간을 조성하자는 바람, 실향민을 위한 추모탑과 기념비, 역사홍보관의 필요성은 지금도 이어진다.

월하, 평여, 중흥, 적량, 월내, 낙포, 호명, 신덕, 상암, 자내, 묘도, 화치. 이름만 불러도 가슴 저미는 마을들. 산업화의 파도 속에 사라졌지만, 삶의 숨결은 여전히 땅과 바위, 제석산 거북등 위에 남아 있다. 12월의 하늘 아래, 거북은 묵묵히 바다를 향해 앉아 있다. 말은 없지만 깊은 울림으로 전한다.

"이곳이 우리가 살아온 땅이었다."

제석산 거북 등

무너진 담벼락 사이 들꽃이 다시 피어나듯, 떠난 자리에도 기억은 자라고 있다. 세월이 흘러도 고향은 사라지지 않는다. 언젠가 그리움이 발길이 되어 돌아올 때, 제석산 거북등은 말없이 그들을 맞이할 것이다. 고향은 떠난 자의 마음속에서 더 깊어지는 법. 이름도, 형체도 희미해졌지만, 낙포는 여전히 그 자리에 있다. 이야기로, 바람의 냄새로, 그리고 기억의 소리로.

# 제석산에 부는 바람

섣달그믐 달빛 창밖 불빛 타고
스며든 산 아래
오늘도 함구미 바다를 바라본다.
사라진 마을 이름을 새기니
제석산 거북 등선만 남았다.

영취산 골짜기 진달래꽃
흥국사 계곡에 꽃 무름이 만발할 때
하늘 아래, 거북은 천천히 고개를 든다.

아침 햇살에

포연의 격랑 헤집듯 걷히고

하염없이

그 자리에 여전히 머문 채

누군가를 다시금 기다린다.

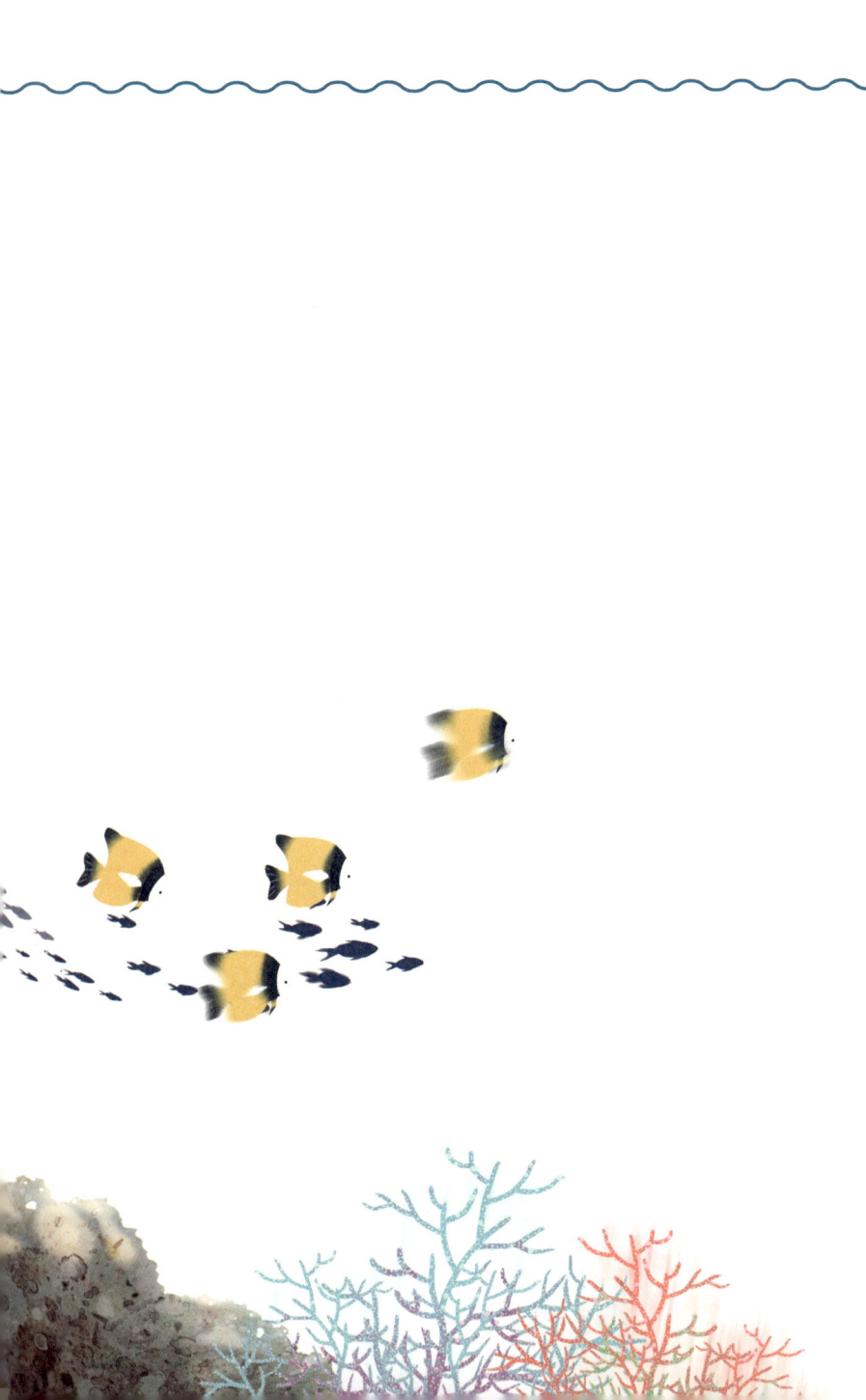

# 부록

## 조선의 거북선

거북선은 한국의 전통 선박 중에서도 가장 독창적이고 상징적인 전투선이다. 조선 시대에 군사용으로 건조된 이 배는 독특한 외형과 구조와 그 당시 첨단 기술이 집약된 전투선이었다. 임진왜란에서의 활약은 국내뿐만 아니라 일본 측 기록에서도 확인되며, 조선 수군의 위상을 높이는 데 결정적인 역할을 했다.

'태종실록'에는 조선 초기부터 거북선이 존재했음을 보여주는 기록이 남아 있다. 1413년, 태종이 임진강 나루를 지나다 해전 연습을 하는 귀선과 왜선을 목격했다는 구절에서 이미 귀선이 조선 군선의 목적으로 등장했음을 알 수 있다. 1415년에는 좌대언 탁신이 '귀선의 전법은 많은 적과 충돌하더라도 해칠 수 없어, 전승의 도구로 삼아야 한다.'고 상소하였다. 이를 통해 거북선은 왜구를 격퇴하기 위한 돌격 장갑 선으로, 고려 말부터 조선 초까지 그 기원이 이어졌음을 짐작할 수 있다.

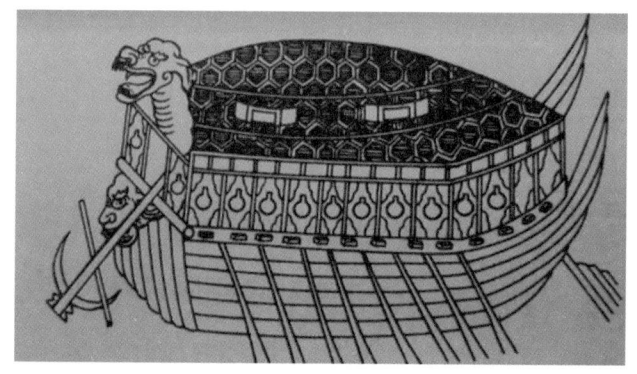

이후 1592년 임진왜란이 발발하자 이순신 장군은 판옥선 위에 지붕을 덮고 장갑을 씌운 형태로 거북선을 실전 배치했다. 철갑으로 덮인 선체는 적의 접근을 막았고, 사방에 설치된 화포와 송곳은 백병전에 강력한 방어 수단이 되었다. 용머리 형상의 선두에서는 총통이나 유황 연기를 분사하여 적의 사기를 꺾는 데 효과적이었다.

판옥선은 바닥이 평평하고 2층 구조로, 1층에서는 격군들이 노를 젓고 2층에는 지휘부가 배치되었다. 거북선은 이 판옥선의 상부에 덮개를 씌우고 칼날과 화포를 배치하여, 적이 배 위로 뛰어드는 것을 원천 차단하였다. 조선 수군은 이 거북선을 통해 해전에서 일방적인 승리를 거둘 수 있었다.

'선조수정실록'의 1592년 5월 1일 자 기록에 따르면, 이순신 장군은 전투 장비를 정비하며 스스로 거북선을 제작하였다. 배 위에는 판목을 깔아 등껍질처럼 만들고, 칼과 송곳을 줄지어 꽂았다. 용머리 형상의 앞부분에는 총구멍을, 양측과 꼬리에도 각각 총구를 설치해 사방으로 포격할 수 있도록 설계했다. 탑승자는 모두 덮개 아래에 있어 적의 공격으로부터 보호받았으며, 빠른 기동성과 위력을 바탕으로 적선을 격파하였다.

거북선은 단순히 전투 수단이 아니라 조선의 기술력과 전략의 정수를 상징하는 존재였다. 바닷물의 흐름과 적의 기습에 대응할 수 있도록 설계된 구조는 조선 수군의 해양 전략에 깊이 이바지하였다.

통제영과 전라좌수영의 거북선은 모양과 장식에서 약간의 차이를 보이기도 했지만, 기본 구조는 유사했다. 어떤 거북선에는 귀신의 머리를 새긴 장식이 있었고, 덮개 위에는 거북 무늬가 새겨져 있었다.

거북선의 유산은 단지 군사적 기능을 넘어서, 과학적 설계와 예술적 미감을 함께 지닌 문화유산으로 평가받는다. '서유견문'에는 이순신의 거북선을 '세계 최초의 철갑병선'이라 소개하고 있다. 내부에 전원을 수용하여 보호하고, 좁은 공간에서 빠르게 기동하며 전 방위 포격이 가능한 구조는 전투선으로서 매우 이상적이었다. 다만 은폐 구조로 인해 개방된 갑판에서의 활동은 제한적이었기에, 도주하는 적을 추격하는 데는 판옥선이 더 유용했다.

거북선의 설계는 고려 시대의 배무이 전통에서 비롯된 것으로, 통일신라 시기 장보고의 해상 활동이나 고려의 무역 활동에서도 뛰어난 배가 전제되어 있었음을 알 수 있다. 이러한 배 제작 기술이 조선으로 이어져 거북선이라는 걸출한 결과물을 낳은 것이다.

오늘날 거북선은 한국 해양 기술과 군사 전략, 역사의식의 상징으로 자리 잡았다. 그 위대한 전통은

후대에도 깊은 자긍심과 영감을 전해주며, 한국인의 정체성과 문화적 뿌리를 이해하는 데 큰 의미가 있다. 우리는 이 유산을 보존하고 계승함으로써, 선조들의 지혜와 용기를 되새기고 미래를 향한 동기부여로 삼아야 할 것이다.

거북선을 이야기한다는 것은 하나의 전함을 떠올리는 일이 아니다. 조선이 나라를 지키기 위해 어떻게 기술과 지혜를 총동원했는지를 보여주는 상징적 사례이자, 인간의 상상력과 창의력이 어떻게 실천으로 이어지는지를 말해주는 역사적 증거다. 그리고 그 정신은 오늘날 우리에게 '우리는 지금 무엇을 만들어가고 있으며, 어떤 유산을 다음 세대에게 남겨줄 것인가?'를 묻는다.

오늘의 기술이 눈부시게 발전한 시대에도 우리는 거북선 앞에 서면 겸허해진다. 나무와 쇠, 사람의 지혜와 용기, 그리고 집념으로 바다를 지키고 나라를 지켜냈던 그 정신은 과거가 아니라 지금 우리가 마주한 도전 앞에 다시 꺼내야 할 유산이다. 그 정신을 이어받아 새로운 바다를 향해 나아갈 수 있을 때, 거북선은 과거의 유산을 넘어, 오늘날 우리가 지켜야 할 가치와 미래를 여는 상징으로 거듭날 것이다.

# 거북선의 '한국 노'를 아십니까?

얼마 전, 한 예능 프로그램에서 1990년대 가수들의 무대를 재현한 방송이 방영되어 시청자들의 큰 호응을 얻었다. 시간이 많이 흘렀음에도 불구하고, 그 시절 음악의 세련됨과 감성이 여전히 통한다는 사실이 인상 깊었다. 단순히 복고 유행을 즐기는 것을 넘어, 그 시절에 대한 그리움과 감정이 다시 살아나는 현상이 흥미로웠다. 이러한 복고 열풍은 음악에만 국한되지 않는다. 드라마, 영화, 예능 등 다양한 미디어에서 과거의 감성을 되살리는 콘텐츠들이 이어지고 있다. 단순한 유행의 반복이 아니라, 우리가 지나온 시간에 대한 따뜻한 기억과 정서를 다시 꺼내 보는 과정이라 할 수 있다.

필자는 과거 기고문 '모정의 뱃길'을 통해 여수의 아름다운 미담을 소개한 바 있다. 신월동 앞 인근 외딴섬에서, 박승이 여사는 딸의 교육을 위해 무려 6년 동안 나룻배를 타고 직접 노를 저어 바다를 건넜다. 가냘픈 몸으로 험한 바다를 지나는 그 여정을 지탱해 준 것은, 한 자루의 노였다.

사실 한국의 노 문화는 삼면이 바다로 둘러싸인 지리적 특성 속에서 오랜 시간에 걸쳐 발달하고 계승됐다. 풍력을 자유자재로 제어하기 어려웠던 시절, '노'는 인간의 힘으로 바다를 항해하게 해 준 중요한 해상 장비였다. 교통이나 상업 수단을 넘어서, 거북선에 부착된 노는 해상 전투 시 왜군을 압도하는 전술적 무기의 역할도 해냈다. 한국 노가 그저 그런 도구가 아닌, 국가를 지키는 데 이바지한 독창적인 기술력임을 보여준다.

특히 한국 노는 서양식 노와는 그 방식이 전혀 다

르다. 서양은 보통 앞뒤로 밀고 당기는 형태로 추진하지만, 한국의 노질은 선미에서 여덟 팔(八) 자 모양으로 저으며 양력을 얻는 독특한 구조를 지닌다. 마치 비행기의 날개를 뒤집어 놓은 듯한 노를 이용해 선박을 미끄러지듯 나아가게 하는 방식이다. 선사 시대부터 풍력과 함께 발전한 우리의 노 문화는 바다와의 조화 속에서 자연스러운 동작으로 이어졌다.

이러한 한국 노의 전통을 기념하고 계승하기 위해, 우리 지역에서는 1988년 서울 올림픽 이전 열린 제22회 진남제축제 행사 중 제1회 전국 '한국 노 경기 대회'가 개최된 바 있다.

제1회 전국한국노경기대회
1988 전남 여수

사단법인 진남제전보존회의 인준을 받아 진행된 이 행사는, 거북선이 제작된 선소(소호)에서 출발하여 전라좌수영 복파정(장군도 수역)까지 약 9.4km를 경주하는 대규모 경기였다. 당시에는 전국 각지에서 모인 200여 척의 경기용 선박이 참가해 치열한 승부를 펼쳤고, KBS에서는 취재 선과 헬기를 동원해 생중계하기도 했다. 웅장한 뱃길과 한국 노의 진면목이 국민의 시선을 사로잡았고, 여수는 이 대회를 통해 거북선의 고향이라는 상징성을 전국에 알릴 수 있었다. 하지만 안타깝게도 이 대회는 단 세 번의 개최를 끝으로 역사 속으로 사라졌다. 35년이 지난 지금, 이런 행사가 존재했다는 사실조차 모르는 사람들이 많다. 그저 아쉬움으로만 남기기에는 너무 소중한 기억이며, 지역의 자부심이었다.

이에 필자는 매년 열리는 거북선축제(진남제축제)와 연계하여 '한국 노 경기 대회'의 부활을 제안하고자 한다. 오랜 세월 동안 우리 민족의 삶 속에서 전승되어온 한국 노 문화는, 지금도 여전히 우리의 기억 속에 살아 있다.

모터보트처럼 빠르진 않지만, 1960년대 노을을 가르며 딸을 학교에 보내던 조각배처럼 그 노의 움직임에는 벅찬 감동이 있다. 단지 기술이나 속도의 문제가 아닌, 정성과 땀이 깃든 삶의 흔적이기 때문이다.

복고의 바람 속에서 잊혀 가는 전통을 되살리는 지금, '한국 노 경기 대회'는 과거를 재현하는 것이 아니라, 조상의 슬기와 정신을 후손들이 체험하고 이어가는 새로운 문화자산이 될 것이다.

특히 영화 '명량'이 흥행하며 이순신 장군과 해전에 관한 관심이 높아진 이 시점에서, '한국 노 경기'의 부활은 우리의 해상문화를 체험하는 실질적인 콘텐츠로 자리매김할 수 있다.

아울러 이 대회를 기점으로 이순신 장군을 중심으로 한 다양한 관광 자원도 함께 개발할 수 있을 것이다. 장군의 어머니가 살던 웅천 송현마을, 거북선을 제작한 돌산읍 군 내 서외 마을 포구, 전라좌수영 본진이었던 진남관 등은 문화 산업적 가치가 매우 높다. 여기에 장군의 정신을 기리는 이순신 학교와 박물관을 조성해 구국 성지로 육성해 나간다면, 여수는 역사와 문화가 살아 숨 쉬는 해양 도시로서 더욱 빛날 수 있다.

우리가 지닌 전통과 유산은, 그 자체로도 충분한 힘을 가지고 있다. 느리지만 깊이 있게 나아가는 한국 노처럼, 잊힌 유산을 다시 일으켜 세우는 그 노력이야말로 우리 정체성을 되새기고 미래를 여는 첫걸음이 될 것이다.

언론에 실린 글 2015-10-04

노젖는 낙지배

# 구국의 성지,
# 선소에 거북선을 띄우자!

1910년, 우리나라 최초의 그림엽서 1호에는 수도 한양도, 개항지 부산포도 아닌 여수가 담겼다. 그 주인공은 진남관과 거북선 함대였다. 이순신 장군과 전라좌수영 함대의 위상은 이미 세계적으로 알려져 있었고, 그래서 외국인들에게 조선을 대표하는 이미지로 여수의 상징이 선택된 것이다.

역사적·문화적·전술적·과학적 가치를 두루 갖춘 거북선은 임진왜란 이전부터 여수 곳곳에서 건조되었다. 진남관 아래 좌수영 선소, 돌산 방답진 선소, 시전동 여천 앞바다 선소(사적 제392호)가 그 현장이었다. 이 때문에 전라좌수영 본영이 있던 진남관(국보 제304호)을 품은 여수는 지금도 '호국충절의 고장', '거북선의 고향'이라 부른다.

1592년 4월 13일, 왜군 15만이 부산포를 침공했을 때 조선은 속절없이 무너졌다. 경상남도는 사흘 만에, 경상북도는 닷새 만에, 한양은 열아홉 날 만에 함락되었고 왕과 대신들은 의주로 피신해야 했다. 그러나 끝내 왜군이 발을 들이지 못한 곳이 있었다. 바로 호남 좌우도, 오늘날의 전라남북도였다.

임진왜란 직전 여수에 부임한 이순신 장군은 별도의 군사훈련소조차 없는 상황에서 지역민의 힘을 모았다. 어부 집안은 노군, 대장간은 병기 제작, 목수는 병선 건조를 맡는 등 직능에 따라 병사가 선발되었다. 그렇게 완성된 거북선과 판옥선, 협선, 해골선은 여수 곳곳에서 진수되었다.

예암산 아래 봉산동 쇠철에는 일곱 개의 사철소가 돌아갔고, 봉강동에서는 사토를 구워 쇳물을 만들었다. 이렇게 얻은 쇠는 거북선 갑판에 창살을 박고 화살촉과 화포를 제작하는 데 쓰였다. 오동도와 금죽도에서는 시누대를 잘라 화살을 만들었고, 백성들은 성을 쌓고 부역에 나서며 나라를 지켰다. 이는 세습된 수군 제도 안에서 이뤄진, 백성들의 헌신이었다.

여수 곳곳에는 지금도 그 역사가 남아 있다. 진남관과 충민사, 통제이공수군대첩비(보물 제571호), 타루비(보물 제1288호), 장군의 어머니가 살았던 송현마을, 돌산 무술목 전투 현장이 그것이다. 특히 사도의 거북바위는 전략적 기지로, 이곳 선소에서 거북선 함대가 진수되어 왜적의 침입을 막아냈다. 이런 이유로 여수는 '거북선의 고향', '구국의 성지'라 불린다. 그러나 안타깝게도 이 위대한 역사를 온전히 담아낼 박물관 하나 없는 현실은 씁쓸하다. 1998년 3여 통합 이후 수차례 건립 필요성이 제기되었으나 진척은 없었다. 예산이 확보된 뒤에도 정치적 논쟁과 '전시 유물 부족', '시기상조'라는 이유로 무산되었고, 결국 사업은 반납되며 흐지부지되었다. 2012 여수세계박람회를 치른 도시임에도, 이렇다 할 박물관 하나 없다는 사실은 여수의 문화적 현주소를 보여준다.

그나마 희망적인 소식은 있다. 문화체육관광부의 관광자원개발 사업으로, 선소 유적지에 총 195억 원의 예산을 들여 영상전시관과 탐방로 등을 갖춘 선소 테마정원이 복원되었다. 이는 여수가 다시 한 번 '거북선의 도시'로 주목받을 수 있는 중요한 계기가 될 것이다.

필자는 이 기회에, 현재 이순신광장에 정박 중인 거북선을 선소 앞 해상으로 옮겨 띄우자고 제안한다. 동시에, 과거 수군 목수들이 거북선을 제작할 때 사용했던 장비들을 전시할 박물관을 함께 조성해 구국의 성지 여수의 선소를 국내외에 널리 알리는 상징적인 공간으로 만들어야 한다. 거북선을 건조하고, 때로는 대피 처로 사용되었던 선소의 굴강 유적은 보존·정비되어야 할 소중한 역사 자산이다. 여기에 시공간적 역사성과 새로운 문화적 가치를 입혀 지역사회 연구와 관광자원화가 함께 이뤄질 수 있다면, 여수는 '거북선의 고향, 구국의 성지, 4대 미항'으로서 세계인이 찾는 역사 문화 도시로 거듭날 수 있을 것이다.

  거북선은 단지 과거의 전함이 아니다. 그것은 공동체의 의지와 지혜, 그리고 위기를 돌파한 실천의 상징이다. 이 상징이 여수 선소에서 다시 떠오를 날을 기대해 본다.

## 麗니水니 작가 이야기

'여수 사랑' 하면 가장 먼저 떠오르는 이름, 여수를 누구보다 깊이 이해하고 품어온 이가 있다.

전남 여수에서 태어나 여수고등학교를 졸업한 뒤, 조선대학교 사범대학 수학교육과와 전남대학교 교육대학원에서 학업을 이어갔다. 교직은 여수개도중학교 수학교사로 시작하여, 여천고등학교 재직 시절인 1999년에는 모범공무원으로 국무총리상을 받았다. 이후 여천중학교와 여수고등학교 교감을 거쳐 화양고등학교, 여수고등학교, 충덕중학교 교장으로 재직하며 교육 현장을 지켜왔다.

2010년에는 전라남도 민선 교육의원으로 당선되

어 제9대 전라남도의회 교육의원과 제10대 도의회 의원으로 활동했다. 민주평화통일자문회의 자문위원, 여수시 인사자문위원, 여수문화원 자문위원, 전라남도의회 여순사건 특별위원장, 모정의 뱃길(마도로스길)보존회 이사장. 등을 맡으며 지역사회와 역사에 깊이 헌신했다.

문학의 길은 2002년『현대문예』, 2009년『한국수필』에 등단하며 열렸다. 2011년 신인문학상을 비롯해『대한민국 신지식경영대상』,『성공자치경영대상』,『신인수필문학상』등을 수상하며 문학적 성취를 쌓았다. 현재 현대문예동부작가회, 동부수필, 한국수필작가회 등에서 활동 중이며, 사)여수수필문학회 이사장직을 맡고 있다.

저서로는 수필집『못생긴 나무가 산을 지키듯이』,『칼럼 윤문칠』,『여니와 수니의 느낌표』가 있으며, 2023년 전라남도 '명예 예술인(문학 부문)'으로 선정되었다.

여수는 고향이라는 말만으로는 다 담을 수 없는, 삶의 이야기 그 자체다. 사라져가는 골목의 소리, 바다의 냄새, 오래된 이름들과 끊임없이 대화하며 살아온 터전이다. 그는 그것들을 조용히 붙잡아 글로 옮기며, 여수의 이야기가 사라지지 않도록 열정을 쏟는 중이다.

향나무는 자기의 몸을 찍어내는 도끼의 날에 향을 묻혀 보낸다고 한다. 향을 묻혀 보내는 향나무가 자신에게 주는 가르침을 마음에 새기면서 살아가는 삶이 되고자 간절히 희망하는 작가이다.